Jedes Kind kann schlafen lernen

Dipl.-Psych. Annette Kast-Zahn
Dr. med. Hartmut Morgenroth

Jedes Kind kann schlafen lernen

Vom Baby zum Schulkind:
Wie Sie die Schlafprobleme Ihres Kindes vermeiden und lösen können

Weltbild

Genehmigte Lizenzausgabe für Verlagsgruppe Weltbild GmbH,
Steinerne Furt, 86167 Augsburg

Die Originalausgabe erschien unter dem Titel *Jedes Kind kann schlafen lernen*
Umschlaggestaltung: Vierthaler und Braun, München
Umschlagmotiv: Mauritius GmbH, Mittenwald
Gesamtherstellung: Offizin Andersen Nexö Leipzig GmbH – ein Unternehmen
der Union Verwaltungsgesellschaft, Spenglerallee 26–30, 04442 Zwenkau

Printed in Germany

ISBN 3-8289-1996-0

2006 2005 2004 2003
Die letzte Jahreszahl gibt die aktuelle Lizenzausgabe an.

Einkaufen im Internet: *www.weltbild.de*

Das Ein- und Durchschlaf-Buch

Erwarten Sie ein Baby - oder ist Ihr Kind gerade geboren?
Dann wünschen Sie sich bestimmt, daß Ihr Kind von Anfang an problemlos einschläft und gut durchschläft.
In Kapitel 3: „Wie Ihr Kind ein 'guter Schläfer' wird“ erfahren Sie, wie Sie Ihr Kind von vornherein an regelmäßige Schlafzeiten gewöhnen und ihm günstige Ein- und Durchschlaf-Gewohnheiten beibringen können.

Ist Ihr Kind schon älter als 6 Monate,
hat es Schwierigkeiten beim Einschlafen und schläft nicht durch?
Dann möchten Sie bestimmt einen Weg finden, Ihrem Kind beim Einschlafen und Durchschlafen zu helfen - und so die wohlverdiente Nachtruhe für die ganze Familie wiederherzustellen.
In Kapitel 4: „Wie 'schlechte Schläfer' schlafen lernen können“ erfahren Sie, wie Sie Ihrem Kind ungünstige Einschlafgewohnheiten behutsam abgewöhnen und ihm konsequent beibringen können, gut durchzuschlafen. Gehen Sie dabei nach dem **Behandlungsplan ab Seite 80** vor.

Die **Anleitungen in den Kapiteln 3 und 4** sind konkrete, praxisnahe Hilfen, die Sie einfach nachvollziehen und in wenigen Tagen erfolgreich anwenden können.

In den anderen Kapiteln erfahren Sie eine Menge Wissenswertes über den kindlichen Schlaf, Schlafstörungen und Schlafverhalten.
Immer wieder bekommen Sie konkrete Hinweise, was Sie als Eltern bei besonderen Problemen tun können.

Das Ein- und Durchschlafbuch ist nicht nur ein wertvoller Ratgeber, sondern auch eine unterhaltsame, spannende Lektüre.
Beim Lesen der vielen anschaulichen Fallbeispiele und praktischen Tips werden Sie schnell zu der Überzeugung gelangen:
„Jedes Kind kann schlafen lernen“.

1

Mein Kind will nicht schlafen

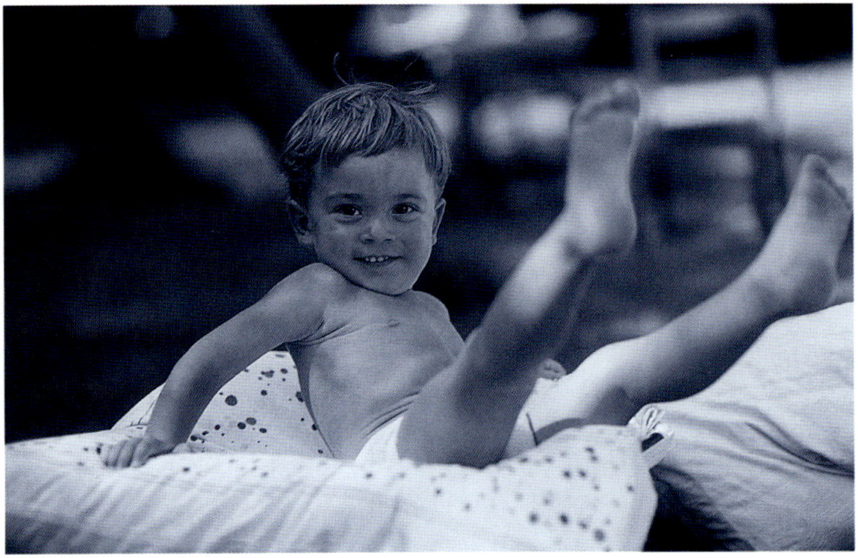

Dieses Kapitel zeigt...

- welche Erfahrungen wir in der Kinderarztpraxis und bei unseren eigenen Kindern mit Schlafproblemen gemacht haben
- wie oft Schlafprobleme in den verschiedenen Altersgruppen vorkommen

Erfahrungen in der Kinderarzt-Praxis

Wenn frischgebackene Eltern ihre Sprößlinge nach einigen Wochen oder Monaten stolz ihren Freunden und Bekannten vorstellen, wird eine Frage ganz besonders oft gestellt: „Schläft es schon durch?“ Alle Mütter und Väter wissen: Das ist eine gute Frage.

Ob sie die ersten Lebensmonate ihres Kindes einfach genießen können oder aber diese Zeit als ausgesprochen anstrengend empfinden und täglich mit Streß und Erschöpfung kämpfen müssen – das hängt zu einem guten Teil mit der Antwort auf diese Frage zusammen.

Auch die Kinderärzte wissen davon ein Lied zu singen. Mehrmals täglich kommen Eltern in die Praxis, die ganz stolz und glücklich über die Fortschritte ihres Kindes berichten und zum Schluß seufzen: „Aber wenn sie doch nur besser schlafen würde!“ Oder: „Wann wird er endlich aufhören, mich jede Nacht mehrmals aus dem Bett zu holen? Ich kann bald nicht mehr!“

Dr. Morgenroth, Mitverfasser dieses Buches, hat es sehr zu schaffen gemacht, daß er als Kinderarzt kaum wirkungsvolle Ratschläge geben konnte.

Besondere Anteilnahme weckte bei ihm die Geschichte von ***Peter*** *und* ***Annika,*** *den Zwillingen. Von Anfang an mußte die Familie aus Platzgründen in einem Zimmer schlafen. Die Kinder wollten alle ein bis zwei Stunden ihre Flasche trinken, und das bedeutete: 17 Fläschchen wurden Abend für Abend fertig gemacht, jeweils eine warmgestellt. Die Eltern wechselten sich bei der Fütterung ab, waren zunehmend zermürbt und verzweifelt und hofften auf Besserung.*

Es wurde nicht besser – auch nicht, als der Kinderarzt gegen seine Überzeugung Beruhigungsmittel verordnete. Es wurde auch nicht besser, als die Kinder nach dem Umzug in eine größere Wohnung getrennt schlafengelegt wurden. Mit 2½ Jahren konnten sich die Kinder die bereitgestellten Flaschen selbst nehmen, die Eltern mußten nur noch drei- bis viermal aufstehen. Erst mit vier Jahren im Urlaub wurden die Zwillinge vom Fläschchen entwöhnt und schliefen durch.

Wir wissen inzwischen, daß man den Eltern all die Erschöpfung, den ständigen Schlafmangel und die Belastung der eigenen Beziehung durch die extreme Aufopferung hätte ersparen können. Denn Babys und Kleinkinder, die abends nicht einschlafen wollen oder nachts mehrmals wach werden, sind fast nie „Problemkinder“, mit denen irgend etwas nicht stimmt. Im Gegenteil: Sie sind lernfähige kleine Persönlichkeiten. Sie reagieren vollkommen normal und folgerichtig.

Auch die betroffenen Eltern brauchen keine Angst zu haben, daß mit ihnen irgend etwas nicht stimmt. Wir haben bei unseren zahlreichen Beratungsgesprächen viele ganz besonders liebevolle und engagierte Eltern kennengelernt, die bereit waren, alles für ihr Kind zu tun.

Wir wissen jetzt: Alle gesunden Babys, die mindestens sechs Monate alt sind, können durchschlafen. Wenn sie es noch nicht tun, können sie es lernen. Sogar schnell.

Erfahrungen mit den eigenen Kindern

Auch ich war überzeugt, eine liebevolle und engagierte Mutter zu sein. Meine ersten beiden Kinder waren anstrengend. Das bedeutete: Insgesamt fünf Jahre lang fast jede Nacht mehrmals aufstehen.

Als das endlich ausgestanden war, meldete sich das dritte Kind an. Ich dachte: „Bei einer so erfahrenen Mutter wie mir kann ja nun nichts mehr schiefgehen. Diesmal wird sicher alles gut klappen." Tatsächlich liefen die ersten Lebenswochen recht harmonisch ab. Doch je älter die kleine **Andrea** wurde, desto öfter wollte sie nachts an die Brust. Sie schlief irgendwann nicht mehr im Kinderbett, sondern der Einfachheit halber im Ehebett. Mein Mann aber war frustriert ins Dachzimmer gezogen, damit zumindest er einigermaßen schlafen konnte.

Ungefähr siebenmal wurde Andrea im Alter von sieben Monaten nachts gestillt, ab 4 Uhr morgens schlief sie kaum noch richtig. Alle 15-30 Minuten schreckte sie hoch und wollte wieder nuckeln. Auch tagsüber dachte sie nicht daran, in ihrem Bettchen zu schlafen. Nur unterwegs im Auto und im Kinderwagen genehmigte sie sich ab und zu ein halbes Stündchen Schlaf zu ganz unterschiedlichen Zeiten. Es kamen insgesamt nicht mehr als neun Stunden Schlaf zusammen.

Für mich natürlich noch viel weniger – und das verteilt auf 30 Minuten bis höchstens zwei Stunden Dauer. Da nützte alle Erfahrung als Mutter und alles Fachwissen als Psychologin nichts. Und die zahlreichen Elternratgeber? Fehlanzeige. Bestenfalls war darin zu lesen, daß sich die Eltern bei der nächtlichen Betreuung abwechseln sollten. Oder es stand darin, daß die meisten Kinder mit drei Monaten durchschlafen. Und wenn nicht, warum nicht? Und was tun? Kein Wort darüber, kaum ein hilfreicher Ratschlag. Es blieb mir also nichts anderes übrig, als mich am Rande der Erschöpfung über den Tag zu retten.

Die beiden älteren Kinder – der sechsjährige Sohn **Christoph** und die vierjährige Tochter **Katharina** – hätten eigentlich in dieser Zeit besondere Zuwendung gebraucht. Christoph war gerade eingeschult worden und Katharina gerade in den Kindergarten gekommen. Beide kamen zu kurz. Auch die Ehe kam zu kurz. Für alle war es eine schwierige Zeit. Es schien ein besonders ungerechtes Schicksal zu sein, als Mutter wieder mit einem Baby gestraft zu sein, das offenbar ein „schlechter Schläfer" war, trotz aller liebevollen Zuwendung.

Mehr beiläufig erzählte ich meinem Kinderarzt, Herrn Dr. Morgenroth, dem anderen Autor dieses Buches, bei der U5 (Vorsorgeuntersuchung im Alter von 7 Monaten) meine Sorgen – eigentlich ohne Hoffnung auf gute Ratschläge. Bei den ersten beiden Kindern hatte er mir auch nicht viel sagen können, nur hilfloses Mitgefühl gezeigt. Die verblüffende Reaktion war aber diesmal die Frage: „Wollen Sie etwas daran ändern?" Es folgte ein längeres Gespräch. Der Arzt erzählte von seiner Fortbildungs-Reise durch die USA, von seinem Besuch in einer renommierten Kinderklinik in Boston, wo er Prof. Ferber kennengelernt hatte. Dieser Professor leitet dort ein Kinderschlafzentrum. Schon Mitte der achtziger Jahre hatte er eine Methode entwickelt, wie Eltern ihren Babys und Kleinkindern innerhalb kurzer Zeit das Einschlafen und Durchschlafen beibringen können. Sein Buch darüber (siehe Literaturverzeichnis [(1)]) und einige weitere Veröffentlichungen dazu in englischer Sprache hatte der Kinderarzt mitgebracht und der staunenden erschöpften Mutter präsentiert.

Mir fiel es wie Schuppen von den Augen. Sehr schnell begriff ich, warum meine Kinder so schlecht geschlafen hatten – und was ich in Zukunft anders machen konnte. Alles erschien so klar und einleuchtend, daß nur die Frage blieb: „Warum bist Du nicht längst selbst darauf gekommen?" (Wenn Sie nun ganz neugierig geworden sind: Im 3. und 4. Kapitel wird die Methode genau beschrieben).

Für die beiden Autoren begann an diesem Punkt eine sehr fruchtbare Zusammenarbeit. Andrea, meine eigene Tochter, wurde die erste Patientin. Sie lernte innerhalb von zwei Wochen, tagsüber zwei anderthalbstündige Tagesschläfchen zu festen Zeiten zu halten und nachts von 20 bis 7 Uhr ohne Unterbrechung in ihrem Bettchen durchzuschlafen. Insgesamt waren das mindestens drei Stunden Schlaf mehr als vorher! Die ganze Familie atmete auf. Die Mutter empfand die veränderte Situation als sprunghaften Anstieg der eigenen Lebensqualität. Mit wenig Aufwand war eine so positive Veränderung erreicht worden! Da gab es nur eine Schlußfolgerung: Diese Methode zusammen mit dem nötigen Wissen über den kindlichen Schlaf sollte möglichst vielen Müttern und Vätern bekannt gemacht werden.

Fast täglich kommt das Problem in der Kinderarzt-Praxis zur Sprache. In den letzten Jahren führten beide Autoren viele hundert Gespräche mit betroffenen Müttern und Vätern. Der Erfolg war überwältigend. Fast alle Schlafprobleme konnten innerhalb weniger Tage nach einer einmaligen Beratung gelöst werden. Auch bei unseren zahlreichen Vorträgen zu diesem Thema ist das Interesse immer wieder sehr groß. Es besteht kein Zweifel mehr: Vielen jungen Eltern brennt genau dieses Thema unter den Nägeln.

Kinderschlaf und Elternstreß – wie hängt das zusammen?

Wenn von einer „kindlichen Schlafstörung“ die Rede ist, ist damit meist gemeint: Das Kind schläft schlecht ein oder wacht mehrmals in der Nacht auf, vielleicht auch beides. Tagsüber ist es unausgeglichen und quengelig, weil es insgesamt zu wenig schläft. Gestört werden aber vor allem die Eltern. Auch ihr Schlaf wird unterbrochen. Oft können sie nicht sofort wieder einschlafen, oft den fehlenden Schlaf nicht nachholen.

Wir wollten es genauer wissen: Wieviele Kinder schlafen eigentlich in den verschiedenen Altersgruppen der Vorsorge-Untersuchungen durch, und wie gestreßt fühlen sich die Mütter?

Ca. 500 Mütter haben wir bei allen Untersuchungen von der U3 (6-8 Wochen) bis zur U8 (4 Jahre) nach dem Schlafverhalten ihrer Kinder gefragt [(2)]. Das Ergebnis kann man sicherlich nicht auf alle Kinder übertragen. Es zeigen sich aber Tendenzen, die durch andere Untersuchungen bestätigt werden [(3)].

Die **Abbildung 1** auf der nächsten Seite zeigt: Weniger als die Hälfte der Kinder schlief regelmäßig durch. Besonders häufig klappte dies bei den einjährigen (52%), besonders selten bei den unter sechs Wochen alten Babys (6%).

Einmal pro Nacht geweckt zu werden, nehmen die meisten Eltern noch in Kauf. Problematischer wird es, wenn die Kinder mehrmals pro Nacht ihre Eltern wecken.

Die **Abbildung 2** zeigt: Von den 6 Wochen alten Babys tat dies noch knapp die Hälfte. Von den 4 Monate alten Babys wurde ein Drittel mehrmals pro Nacht wach, von den zweijährigen Kindern immer noch ein Viertel. Erst im Alter von vier Jahren kam es deutlich seltener vor (unter 10%), daß die Kinder nachts mehrmals aufwachten und ihre Eltern weckten.

Auch bei unseren Beratungsgesprächen haben wir immer wieder erfahren: Von ganz allein lösen sich Schlafprobleme selten. Wenn ein Baby mit einem halben Jahr noch nicht durchschläft, wird es seine Eltern wahrscheinlich auch noch ein Jahr später nachts „auf Trab“ halten.

Noch etwas kommt häufig vor: Kinder haben schon einmal wochen- oder

Abbildung 1: **Wie viele Kinder schlafen durch?**

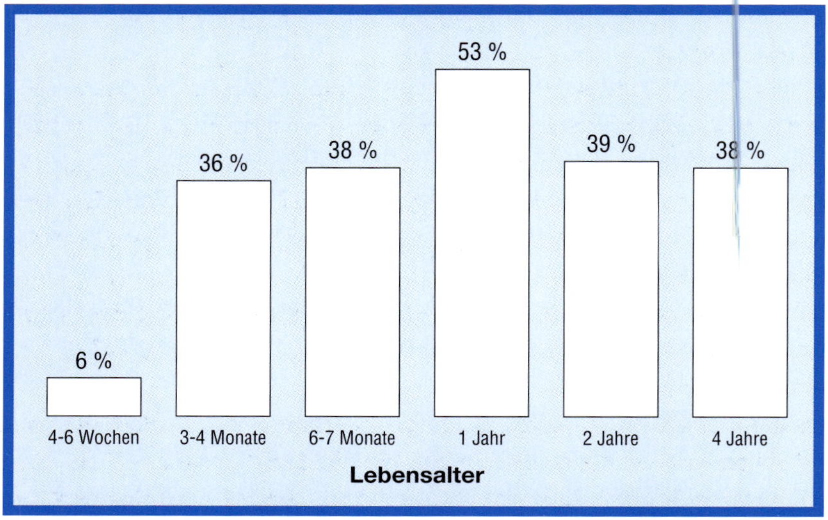

Abbildung 2: **Wie viele Kinder werden nachts 2mal oder öfter wach?**

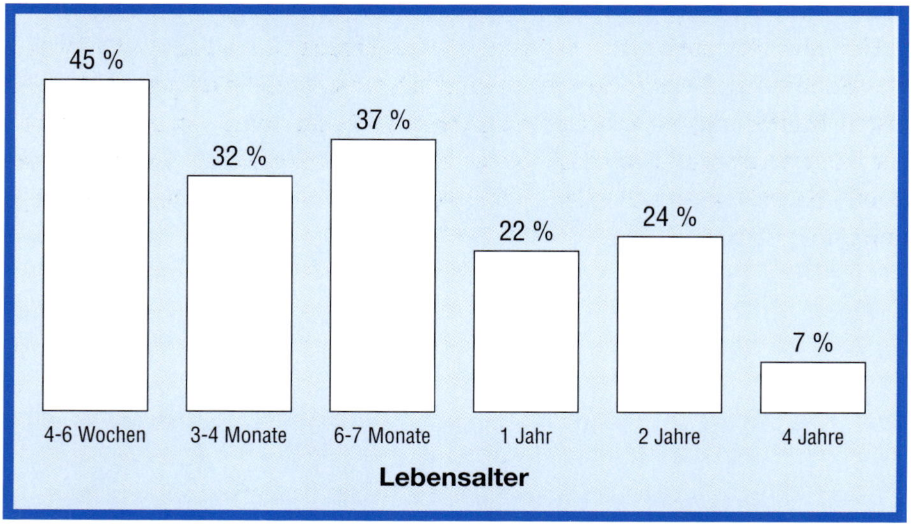

monatelang wunderbar geschlafen, stellen dann aber, z.B. nach einer Krankheit oder nach einem Urlaub, ihr Verhalten um – und mit der ungestörten Nachtruhe ist es wieder vorbei.

Es wird wohl niemanden überraschen, daß Eltern sich durch unruhige Nächte gestreßt fühlen. Besonders die Mütter, die nachts mehr als zweimal aufstehen mußten, empfanden starken bis extrem starken Streß und Erschöpfung.

Nur sehr wenige Mütter von „schlechten Schläfern“ stuften sich als ruhig und ausgeglichen ein. Mütter von „guten Schläfern“ dagegen waren nur selten gestreßt oder erschöpft.

Am meisten scheinen Mütter übrigens die Zeit um den 4. Lebensmonat zu genießen: In diesem Alter gab es niedrigere Streßwerte als in allen anderen Altersgruppen.

Was kann es auch Schöneres geben als ein Baby, das den Kontakt zu seiner Umwelt schon voll aufgenommen hat – lächelt, lacht, lauscht – und das alles friedlich auf dem Rücken liegend! Die Zeit der „Drei-Monats-Koliken“ ist vorbei. Das Baby schreit nicht mehr so viel. Es kann noch nicht wegkrabbeln und keinen Unsinn anstellen. Und es schläft noch durchschnittlich 15 Stunden am Tag. Selbst, wenn es mit dem Schlaf noch nicht so gut klappt – diesen kleinen wunderbaren Geschöpfen können die meisten Eltern noch alles verzeihen.

Hingabe und sogar Aufopferung für das eigene Kind kann eine Zeitlang etwas Schönes und Beglückendes sein. Nach unserer Erfahrung sind die allermeisten Mütter und viele Väter hingebungsvoll und bereit, sich aufzuopfern. Aber irgendwann muß auch das eigene Leben wieder zu seinem Recht kommen. Das tut dann nicht nur der Mutter gut, sondern auch dem Kind und den übrigen Familienmitgliedern.

Kapitel 1: Das Wichtigste in Kürze

- **Schlafprobleme bei Kleinkindern sind weit verbreitet**
  „Unser Kind schläft nicht durch – was sollen wir tun?"
  Vielen jungen Eltern brennt dieses Problem unter den Nägeln.

- **Schlechter Kinderschlaf verursacht Elternstreß**
  Mütter von „guten Schläfern" fühlen sich meist ruhig und ausgeglichen – Mütter von „schlechten Schläfern" dagegen sind gestreßt und erschöpft.

- **„Schlechte Schläfer" sind keine „Problemkinder"**
  Kinder sind lernfähige kleine Persönlichkeiten. Alle gesunden Babys, die mindestens 6 Monate alt sind, können durchschlafen. Wenn sie es noch nicht tun, können sie es lernen. Sogar schnell.

2

Was wissen wir über den kindlichen Schlaf?

Dieses Kapitel sagt Ihnen...

- wie lange Kinder im Durchschnitt schlafen
- wie der Schlaf genau abläuft
- warum viele Kinder nachts aufwachen und schreien

Wie lange schlafen Kinder – wie verteilt sich der Schlaf?

Wer kennt nicht die Berichte stolzer Mütter von ihrem „pflegeleichten Baby“, das von Geburt an zu den Mahlzeiten geweckt werden muß und im Alter von wenigen Wochen durchschläft? Solche Babys, die geborenen „guten Schläfer“, gibt es wirklich. Sie lassen sich durch nichts aus der Ruhe bringen. Sie können in der Tragetasche überallhin mitgenommen werden. Weder eine fremde Umgebung, noch laute Geräusche, noch sonst irgend etwas scheint ihrem Schlafbedürfnis etwas anhaben zu können.

Eltern von kleinen, quicklebendigen, quirligen Kindern können solche Geschichten kaum glauben. Ihr Baby will anscheinend auf gar keinen Fall etwas verpassen. Es hat vielleicht schon direkt nach der Geburt im Krankenhaus die Nacht zum Tag gemacht, ist immer in Bewegung, reagiert auf jedes Geräusch, jeden Ortswechsel, jeden aufregenden Besuch mit Nicht-Schlafen-Wollen.

Auch diese Babys gibt es wirklich. Mit Erziehung haben solche Unterschiede wenig zu tun, eher mit vererbten Anlagen. Oft erkennt sich einer von beiden Eltern im Schlafverhalten seines Kindes wieder. So gut es die verwöhnten Eltern der geborenen „Murmeltiere“ auch haben – die weniger verwöhnten müssen nicht verzweifeln. Auch ihr Kind kann lernen, abends zu einer vernünftigen Zeit einzuschlafen und bis zum nächsten Morgen friedlich in seinem Bettchen zu verbringen. Kurze Wachzeiten sind normal. Das Kind kann lernen, damit umzugehen, ohne seine Eltern zu wecken.

Die meisten Kinder, die extrem kurze Schlafzeiten haben – z.B. insgesamt 9 Stunden im Alter von 6 Monaten – können auch lernen, länger zu schlafen. Nur sehr, sehr selten kommt eine angeborene Störung vor, die die Kinder wirklich am Schlaf hindert und sie regelmäßig nachts stundenlang wachhält. Diesen wenigen Kindern hilft auch eine Behandlung wenig oder gar nicht.

Sehr wahrscheinlich hat Ihr Kind jedoch keine angeborene neurologische Störung, sondern ist gesund und in der Lage, schlafen zu lernen.

Aus der folgenden **Abbildung 3** können Sie genau ablesen, wie lange Kinder im Durchschnitt schlafen – vom Neugeborenen bis zum zehnjährigen Kind.

Abbildung 3: **Die durchschnittlichen Schlafzeiten von Kindern in verschiedenen Altersstufen** (nach Ferber)

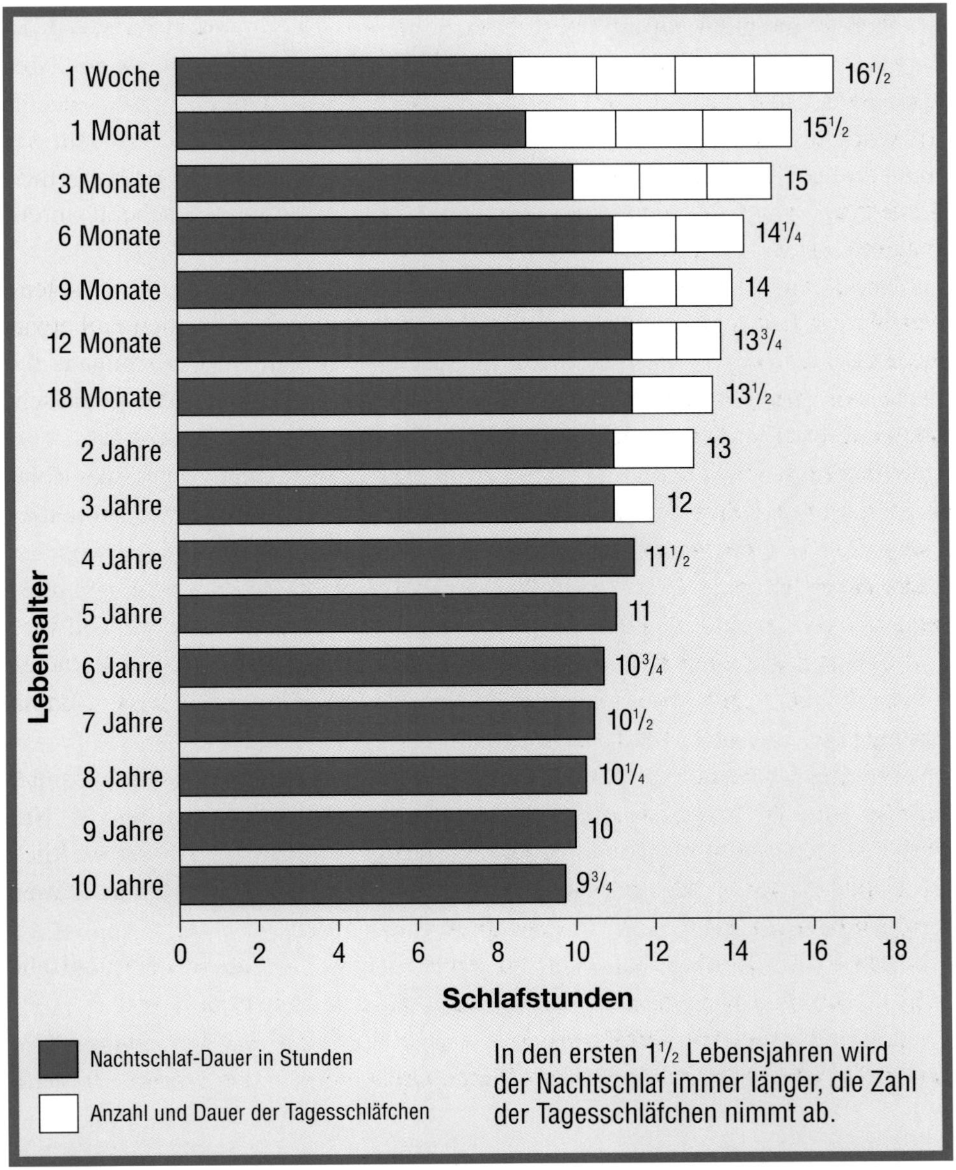

Die Zeiten wurden von Ferber übernommen und stimmen mit unseren Erfahrungen überein. Sie können auch sehen, wie sich der Schlaf auf Tag und Nacht verteilt. Beim Neugeborenen sind die 16½ Stunden in mehr oder weniger kleine „Häppchen“ gleichmäßig auf Tag und Nacht verteilt. Den Unterschied zwischen Tag und Nacht lernen die kleinen Säuglinge erst allmählich. Der Nachtschlaf wird immer länger. Anzahl und Dauer der Tagesschläfchen nehmen ab.

Mit spätestens 6 Monaten ist es soweit: Eine etwa elfstündige Nachtruhe (ohne Mahlzeiten!), dazu ein Vormittags- und ein Nachmittags-Schläfchen ist in diesem Alter normal – und erlernbar. Diese 11 Stunden Nachtruhe begleiten Ihr Kind, bis es ungefähr 5 Jahre alt ist. Was es noch zusätzlich an Schlaf braucht, holt es sich tagsüber. Ab dem 2. Lebensjahr schlafen die meisten Kinder tagsüber nur noch einmal mittags. Zwischen 2 und 4 Jahren gewöhnen sie sich auch das Mittagsschläfchen ab. Ab dem 5. Lebensjahr wird der Schlaf ganz allmählich immer kürzer, ungefähr jedes Jahr um eine Viertelstunde.

Wenn Sie die Zeiten in der Tabelle mit den Schlafzeiten Ihres Kindes vergleichen, müssen Sie wissen: Eine Stunde Abweichung vom Durchschnitt nach oben oder unten ist vollkommen normal. Schläft Ihr Kind aber mehrere Stunden weniger als in der Tabelle angegeben, stimmt wahrscheinlich etwas mit seinen Schlaf-Gewohnheiten nicht – und es könnte mit veränderten Schlaf-Gewohnheiten deutlich länger schlafen.

Manchen Kindern merkt man ihre Müdigkeit sehr genau an. Sie reiben sich die Augen, sind quengelig und wollen sich mit nichts beschäftigen. Andere scheinen tagsüber ganz friedlich zu sein, sind gut gelaunt und können sich ausdauernd allein beschäftigen. Die Mütter merken erst nach der Behandlung, daß auch ihr Kind mit ein paar mehr Stunden Schlaf ausgeglichener und zufriedener wird.

Vielleicht stellen Sie aber auch fest, daß Ihr Kind viel länger schläft, als in der Tabelle angegeben. In der Regel ist das kein Grund zur Sorge. Wahrscheinlich haben Sie es einfach mit einem ausgesprochenen „Langschläfer“ zu tun.

Es gibt allerdings eine ernsthafte Erkrankung, die sich unter anderem durch ein übergroßes Schlafbedürfnis bemerkbar macht. Diese Krankheit heißt Narkolepsie. Sie tritt aber frühestens im Grundschulalter auf und kommt so extrem selten vor, daß sie hier nicht näher erläutert werden muß. Wenn Ihnen die Schlafzeiten Ihres Kindes ganz unnormal lang vorkommen, können Sie vorsorglich Ihren Kinderarzt darauf ansprechen.

Interessant könnte der Vergleich mit der Tabelle aber sein, wenn Sie feststellen: Mein Kind schläft zwar insgesamt genug, vielleicht sogar mehr als der Durchschnitt, will aber abends nicht ins Bett oder ist mitten in der Nacht plötzlich hellwach und will spielen.

Genauso ein Fall war die 12 Monate alte ***Mira:*** *Jede 2. Nacht, irgendwann gegen 1 Uhr, wurde Mira wach und war für die nächsten ein bis zwei Stunden topfit. Sie dachte gar nicht daran, wieder einzuschlafen, sondern wollte „action“. Der Mutter war um 1 Uhr nachts allerdings nicht gerade danach zumute, mit ihrer Tochter Türmchen zu bauen. Sie versuchte es mit dem Fläschchen, sie holte Mira zu sich ins Bett – vergeblich. In ihrer Verzweiflung brachte die Mutter die kleine Mira in ihr Bettchen zurück. Mira schrie bis zu einer Stunde. Irgendwann schlief sie schreiend ein. So lief es jede zweite Nacht.*

Unser Beratungsgespräch ergab, daß Miras Schlafzeit das Kernproblem war: An ihren „guten“ Tagen schlief sie von 19 bis 7 Uhr, dazu kam ein dreistündiger Mittagsschlaf, insgesamt kam sie also auf 15 Stunden. Das war zuviel! Genau deshalb war Mira nachts wach – aus Mangel an Müdigkeit. Die „Behandlung“ war denkbar einfach. Mira mußte regelmäßig nach 1½ Stunden Mittagsschlaf geweckt werden. Sie schlief nach der 2. Nacht durch. Die Mutter war fassungslos. Sie hatte das Schlafbedürfnis ihres Kindes einfach überschätzt.

Das kommt gar nicht selten vor. Die – meist scherzhaft geäußerte – Vorstellung mancher Eltern, ihr Baby möge doch bitte von 18 Uhr abends bis 9 Uhr morgens schlafen, muß deshalb eine Wunschvorstellung bleiben und hat mit der Realität nichts zu tun.

Immer wieder machen wir die Erfahrung, daß Geschwisterkinder trotz eines Altersabstands von mehreren Jahren gleichzeitig ins Bett gebracht werden.

Solange alle zufrieden sind, ist auch nichts dagegen einzuwenden. Bei Kindern unter 5 Jahren ist es ohnehin kein Problem, da die Unterschiede im Schlafbedürfnis durch den Mittagsschlaf ausgeglichen werden.

Wir empfehlen jedoch in der Regel, die Kinder von da ab ihrem Alter entsprechend zu behandeln. Warum sollte das ältere Kind nicht noch in seinem Zimmer, oder – wenn beide zusammen schlafen – vielleicht im Eltern-Schlafzimmer noch eine halbe Stunde länger lesen oder Cassetten hören dürfen als das 3 Jahre jüngere Geschwisterkind? Dem jüngeren Kind ist das durchaus zuzumuten.

Die Geschichte vom 10jährigen ***Udo*** *zeigt, daß auch bei älteren Kindern Probleme durch zu frühes Zubettbringen entstehen können. Udos Mutter schickte ihren Sohn täglich zwischen 19 und 19.30 Uhr ins Bett und knipste das Licht aus. Aus dem ersehnten ruhigen Abend für die alleinerziehende berufstätige Mutter wurde jedoch nichts. Seit Jahr und Tag kam Udo immer wieder aus seinem Zimmer ins Wohnzimmer, hatte Durst, Hunger, wollte diskutieren und schlief erst zwischen 21.30 und 22 Uhr abends ein. Am Wochenende durfte er ohnehin so lange aufbleiben. Dann ging er friedlich ohne Theater ins Bett. Auch am Wochenende stand er um 7 Uhr auf, genau wie in der Woche, wenn er zur Schule mußte. Damit war klar: Udo bekam genug Schlaf, sonst hätte er ihn am Wochenende nachgeholt. 9½ Stunden entsprechen auch ungefähr dem Durchschnitt für sein Alter. Trotzdem war der Mutter nicht zuzumuten, jeden Abend mit ihrem Sohn bis fast 22 Uhr das Wohnzimmer zu teilen.*

Wir einigten uns auf folgende Lösung: Bis 19.30 Uhr mußte Udo sich für die Nacht fertiggemacht haben. Hielt er sich daran, kam die Mutter noch bis 20 Uhr zu ihm auf die Bettkante. Sie konnten reden oder spielen, was er wollte. Dann verließ die Mutter das Zimmer, und Udo durfte sich noch bis 21.15 Uhr in seinem Zimmer allein beschäftigen. Bedingung: Er mußte seiner Mutter in dieser Zeit ihre wohlverdiente Ruhe lassen. Udo war mit diesem Vorschlag sofort einverstanden. Auch ihm erschien er als Verbesserung.

Was passiert eigentlich im Schlaf?

Tiefschlaf und Traumschlaf

Vor ca. 40 Jahren wurde entdeckt – von Aserinsky & Kleitman [4] in Chicago – daß der Schlaf kein gleichförmiger Dämmerzustand ist. Im Schlaflabor kann man mittlerweile mit Hilfe des EEG (Elektroencephalogramm, ein Gerät zur Aufzeichunung der Hirnströme) genau messen, wie sich die Gehirnaktivität im Laufe der Nacht verändert. Man kann deutlich zwischen zwei verschiedenen Schlafarten unterscheiden. In der Fachsprache heißen sie Nicht-REM-Schlaf und REM-Schlaf (REM: rapid eye movement = schnelle Augenbewegungen). In der Alltagssprache sagen wir Tiefschlaf und Traumschlaf.

Wenn wir einschlafen, fallen wir zunächst in den ruhigen Tiefschlaf. Wir durchlaufen nacheinander alle 4 Stufen des Tiefschlafs – als gingen wir langsam eine Treppe hinab und fielen mit jeder Stufe in einen noch tieferen Schlaf. Angekommen auf den Stufen 3 und 4, wird die Atmung sehr ruhig. Das Herz schlägt gleichmäßig, das Gehirn „ruht sich aus". Im EEG ist das erkennbar an großen, langsamen Wellen, den Delta-Wellen. Da das Gehirn nur wenige Impulse zu den Muskeln schickt, bewegen wir uns nicht viel. Es kann jedoch passieren, daß wir schnarchen – ausgerechnet im ruhigen Tiefschlaf!

Aus den Stufen 3 und 4 können wir nur schwer geweckt werden, z.B. durch sehr laute Geräusche wie die Telefonklingel. Im ersten Moment sind wir dann ganz durcheinander und müssen uns erst wieder zurechtfinden. Dieser Effekt hat etwas mit einigen kindlichen Schlafstörungen zu tun (Nachtschreck und Schlafwandeln), auf die wir später noch genauer eingehen.

Nach 2-3 Stunden wird der Tiefschlaf zum ersten Mal vom Traumschlaf abgelöst. Der wissenschaftliche Name REM (rapid eye movements = schnelle Augenbewegungen) sagt schon aus: Während dieser Schlafphase bewegen sich die Augen hinter den geschlossenen Augenlidern recht schnell. Gleichzeitig passiert noch mehr: Herzschlag und Atmung werden heftiger und ungleichmäßiger. Der Körper verbraucht mehr Sauerstoff. Das Gehirn wird plötzlich aktiv.

Wir träumen! Würde uns in dieser Phase jemand wecken, könnten wir unseren letzten Traum wahrscheinlich genau erzählen.

Bis heute steht nicht genau fest, warum wir eigentlich träumen. Aber sicher ist: Schlafwandeln oder um sich schlagen kann man im Traum nicht. Die Muskeln sind beim Traumschlaf fast alle ruhiggestellt. Das Gehirn „feuert" zwar viele Reize zu den Muskeln. Diese kommen dort jedoch nicht an, sondern werden im Rückenmark „gestoppt".

Das ist auch gut so, denn nur so ist es möglich, daß wir im Traum viele Dinge erleben und tun können und trotzdem fast regungslos im Bett liegen. Hände und Gesicht können allerdings ein wenig zucken – da gibt es vielleicht sogar einen Zusammenhang zu unseren Träumen.

Vom Kind im Mutterleib bis zum Erwachsenen: Wie sich der Schlaf verändert

Traumschlaf und Tiefschlaf wechseln sich mehrmals in der Nacht ab. Das ist bei Babys und Erwachsenen so. Aber es gibt auch einige Unterschiede. Bei einem Frühgeborenen macht der REM-Schlaf (Traumschlaf) noch 80% der Schlafzeit aus, bei einem voll ausgetragenen Neugeborenen nur noch 50%, bei einem dreijährigen Kind ein Drittel und bei Erwachsenen lediglich ein Viertel.

Die Schlafforscher haben sich Gedanken darüber gemacht, warum der REM-Schlaf beim Kind im Mutterleib und beim Neugeborenen eine so überragende Rolle spielt. Einige von ihnen, zuerst Dr. Roffwarg und seine Kollegen [(5)], kamen auf die Idee, daß die Kinder dadurch sozusagen im Schlaf etwas für die Reifung ihres Gehirns tun. Die Reize durchlaufen dieselben Wege – d.h. dieselben Nervenbahnen – wie später z.B. beim Hören oder Sehen. Vielleicht werden die vielen Stunden, die das Kind im Mutterleib und in den ersten Lebenswochen im aktiven REM-Schlaf verbringt, auf diese Weise sinnvoll genutzt: Das Gehirn wird im Schlaf auf die Wahrnehmung vorbereitet. Das Kind „lernt" im Schlaf.

Ob der REM-Schlaf des Neugeborenen etwas mit Träumen, wie wir sie kennen, zu tun hat? Es ist wohl kaum möglich, das herauszufinden. Zweijährige Kinder berichten aber schon von Träumen, wenn man sie nach dem REM-Schlaf weckt.

Noch etwas unterscheidet das neugeborene Baby vom älteren Säugling und vom Erwachsenen. Das Neugeborene fällt nach dem Einschlafen zuerst in den REM-Schlaf. Ab dem 3. Lebensmonat kommt jedoch immer zuerst der Tiefschlaf. Außerdem ist in den ersten Lebenswochen der Tiefschlaf noch nicht ganz ausgereift. Erst ab dem 6. Lebensmonat kann man alle 4 Stufen des Tiefschlafs deutlich unterscheiden. Nun gleicht der Baby-Schlaf schon sehr dem Erwachsenen-Schlaf. Nur wechseln sich Traumschlaf und Tiefschlaf beim Baby und Kleinkind schneller ab als beim Erwachsenen. Das Gehirn ist bei einem 6 Monate alten Baby schon so weit entwickelt und das Schlafmuster so ausgereift, daß endlich der Zeitpunkt gekommen ist: Das Baby kann 11-12 Stunden schlafen – hintereinander! Warum das trotzdem so oft nicht klappt, erfahren Sie im nächsten Abschnitt.

Das Schlafmuster: Einschlafen, Aufwachen und Weiterschlafen

Prof. Ferber hat unserer Meinung nach den Zusammenhang zwischen dem Ablauf des Schlafs und den so verbreiteten kindlichen Schlafstörungen am anschaulichsten verdeutlicht. Nach seinen wissenschaftlichen Erkenntnissen wurde die **Abbildung 4** auf der nächsten Seite erstellt.

An der Abbildung können Sie sehen, wie der Schlaf bei einem mindestens 6 Monate alten Kind mit einem ausgereiften Schlafmuster in etwa abläuft.

Sie sehen, daß die Nacht in diesem Beispiel von 20 bis ca. 7 Uhr dauert. Die Einschlafzeit abends spielt jedoch keine Rolle. Wenn Ihr Kind früher oder später ins Bett geht, wird das Muster dadurch nur nach vorn oder hinten verschoben, aber nicht verändert. Sie können auch die beiden schon besprochenen Schlafarten REM-Schlaf (Traumschlaf) und Nicht-REM-Schlaf (Tiefschlaf) unterscheiden. Den Tiefschlaf haben wir etwas vereinfacht und nicht in vier,

Abbildung 4: **Das Schlafmuster eines Kindes ab dem 6. Lebensmonat** (nach Ferber)

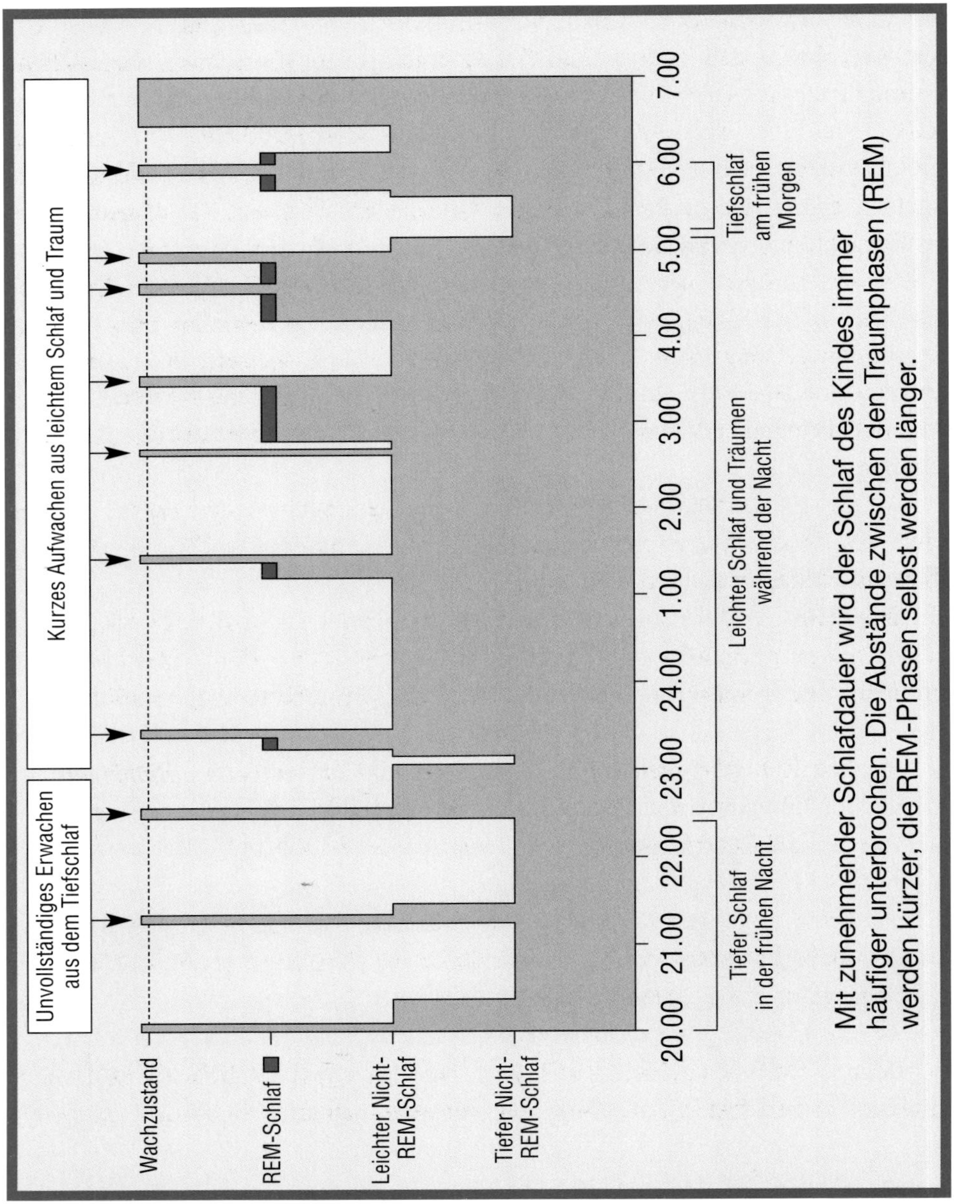

Mit zunehmender Schlafdauer wird der Schlaf des Kindes immer häufiger unterbrochen. Die Abstände zwischen den Traumphasen (REM) werden kürzer, die REM-Phasen selbst werden länger.

sondern nur in zwei Stufen dargestellt: Leichter Tiefschlaf und tiefer Tiefschlaf.

Der tiefe Tiefschlaf findet in den ersten 2-3 Stunden nach dem Einschlafen und noch einmal kurz in den frühen Morgenstunden statt. Für den Rest der Nacht wechseln sich Traumschlaf (REM) und leichter Tiefschlaf (Nicht-REM) mehrmals ab. Dazwischen sehen Sie immer wieder Pfeile. Sie bedeuten: Kurzes Aufwachen. Die ersten beiden Pfeile um 21.30 Uhr und 22.30 Uhr bedeuten: Unvollständiges Erwachen aus dem Tiefschlaf. Wir werden den Ablauf einer Nacht mit Hilfe dieser Abbildung sehr ausführlich erläutern. Sie können jederzeit zurückblättern, um sich die Abbildung noch einmal anzuschauen.

In unserem Beispiel legen Sie also Ihr Kind gegen 20 Uhr ins Bett und beobachten: Nach wenigen Minuten schläft es tief und fest. Einmal im tiefen Tiefschlaf angelangt, sind kleine Kinder nur schwer zu wecken. Die Eltern können den Staubsauger anstellen, das Licht einschalten, das Baby vom Auto in sein Bett bringen, oder es vielleicht sogar wickeln – es wird friedlich weiterschlafen.

An dieser Stelle kommt regelmäßig der Widerspruch einiger Eltern: „Unser Kind schläft aber nicht schnell ein! Es dauert manchmal über eine Stunde, als ob es sich dagegen wehren würde einzuschlafen“.

Wir können uns dann schon ungefähr vorstellen, wie das Zubettbringen aussieht. Die betroffenen Eltern haben sich in der Regel angewöhnt, ihren Kindern mit mehr oder weniger aufwendigen Mitteln zum Einschlafen zu verhelfen.

Das Zubettbringen könnte dann so aussehen wie beim einjährigen ***Kilian.*** *Er wurde zum Einschlafen herumgetragen. Immer, wenn seine Mutter ihn ins Bett legen wollte, wurde er wieder wach.*

Oder wie bei der 9 Monate alten ***Marika:*** *Die Mutter blieb abends 2-3 (!) Stunden bei ihr im Zimmer, immer im Blickkontakt, hielt Händchen, nahm sie zwischendurch auf den Arm.*

Oder wie bei den zahlreichen Eltern, die sich mit dem Kind ins Bett legen „müssen“, bis es fest schläft. Wehe, sie versuchen zu früh, sich hinauszuschleichen! Dann ist die oder der Kleine wieder hellwach – und das Spielchen beginnt von Neuem.

All diese Beispiele – im 3. Kapitel folgen noch mehr – haben eins gemeinsam: Babys und kleine Kinder, die sich gegen das Einschlafen wehren, können sich nicht entspannt und schlafbereit in ihr Bettchen kuscheln. Sie „sind auf der Hut", denn während sie einschlafen, geschieht etwas mit ihnen. Irgendeine Art von Zuwendung wird ihnen entzogen.

Sie als Eltern würden sich so ähnlich fühlen, wenn Sie mit der Gewißheit ins Bett gingen: Wenn ich anfange einzuschlafen, zieht mir jemand die Bettdecke weg! Wahrscheinlich würden Sie ziemlich lange wach bleiben, um das zu verhindern. So ähnlich „denkt" auch das Baby: „Wenn ich einschlafe, schleicht sich jemand raus. Oder ich werde woanders hingebracht. Da gibt es nur eins: Bloß nicht einschlafen!" Eigentlich ein kluges Baby, finden wir.

Zum Glück reagieren nicht alle Babys so. Bei vielen besiegt das Schlafbedürfnis die Wachsamkeit, und der Übergang in den Tiefschlaf klappt trotzdem recht schnell. Wie Sie Ihrem Baby das Einschlafen wirklich erleichtern können, erfahren Sie im 3. Kapitel.

Zurück zu unserer Abbildung 4 auf Seite 30. Irgendwann schläft jedes Kind ein und fällt in seinen tiefsten Tiefschlaf. Für die meisten Eltern heißt das: Nun haben wir ungefähr 3 Stunden Ruhe. Die zahlreichen Pfeile auf der Abbildung, die jedesmal „kurzes Aufwachen" bedeuten, erscheinen erst nach 23 Uhr – nämlich dann, wenn die erschöpften Eltern selbst gerade in ihren tiefsten Tiefschlaf gefallen sind.

Manche Kinder weinen jedoch schon kurz nach dem Einschlafen zum ersten Mal. Das kann bedeuten, daß sie noch gar nicht richtig eingeschlafen waren. Sicherlich ist das der Fall, wenn sie sich nach nur 20 oder 30 Minuten schon wieder melden.

Nach 1 bis 1½ Stunden ist ein Halb-Wachwerden aus dem Tiefschlaf jedoch völlig normal. Meist werden die Eltern gar nichts davon bemerken. Das Kind dreht sich vielleicht auf die andere Seite, kaut oder schmatzt oder reibt sich die Augen oder murmelt etwas Unverständliches. Vielleicht setzt es sich auch kurz auf, schaut mit glasigem Blick um sich und schläft dann sofort weiter. Ausgelöst wird dieses „halbe“ Erwachen durch eine Veränderung der Gehirnströme. Im EEG erkennt man, daß sich plötzlich alle Schlafmuster miteinander vermischen. Die ersten beiden Pfeile auf der Abbildung 4 (21.30 Uhr und 22.30 Uhr) zeigen genau diesen Zustand an. Das Kind scheint gleichzeitig zu schlafen und wach zu sein.

Manche Kinder reagieren darauf nicht so normal wie oben beschrieben, sondern eher ungewöhnlich: Sie stehen auf und „geistern“ in ihrem Zimmer oder in der Wohnung herum. Sie schlafwandeln. Andere bekommen sogar Schrei-Attacken, die mit um-sich-Schlagen einhergehen und bis zu 20 Minuten andauern können.

Noch ein zweites Mal, in unserem Beispiel um 22.30 Uhr, kann es zu unvollständigem Erwachen kommen. Wieder wird es bei den meisten Kindern unbemerkt ablaufen, bei wenigen (unter 10%) kann es wiederum zu ungewöhnlichen Reaktionen wie Schlafwandeln oder sogar zu extremen Reaktionen wie Schreien und Um-sich-Schlagen führen. Mehr darüber erfahren Sie im 5. Kapitel.

Viel häufiger (in über 90% der Fälle) haben Schlafstörungen aber etwas mit Schlafgewohnheiten zu tun. Für ihre Entstehung ist entscheidend: Was passiert nach 23 Uhr bzw. wenn die Kinder schon 3 Stunden lang tief geschlafen haben? In unserem Beispiel tritt die erste REM-Phase (Traumschlaf) gegen 23 Uhr auf, danach folgen noch 6 weitere. Gegen Morgen werden die Traumphasen besonders lang und häufig. Nach jedem schwarzen Balken, also nach jedem REM-Schlaf, erscheint ein Pfeil. Das bedeutet: Jedes Kind wacht kurz auf, bevor es zurück in den (nicht mehr ganz so tiefen) Tiefschlaf fällt. Dieses Aufwachen aus dem leichten Schlaf und dem Traumschlaf passiert also ungefähr 7mal jede Nacht, besonders oft ab 3 Uhr morgens.

Viele Eltern erkennen genau die Zeiten wieder, zu denen auch ihr Kind sich regelmäßig meldet. **Kein Kind schläft wirklich durch! Alle Kinder – übrigens auch alle Erwachsenen – werden nachts mehrmals wach. Der Unterschied ist nur: Die einen schlafen schnell wieder ein, ohne daß die Eltern überhaupt etwas bemerken. Viele Kinder schlafen jedoch nicht so schnell wieder ein, sondern werden richtig wach und fangen an zu weinen.**

Mami oder Papi werden aus ihrem Tiefschlaf gerissen, müssen sich aufrappeln und ihren Liebling wieder zum Schlafen bringen. Wenn sie Glück haben, weint ihr Kind nur einmal oder zweimal pro Nacht. Es kann aber auch sein, daß es sich tatsächlich nach jeder Traumphase, also insgesamt 7mal oder sogar noch öfter, meldet. Mit bösen Träumen hat dieses Weinen – wie manche Eltern vermuten – allerdings gar nichts zu tun.

Aufwachen und Schreien – warum gerade mein Kind?

Sie fragen sich vielleicht: Wozu ist das Aufwachen nach jeder REM-Phase eigentlich gut? Und warum schlafen viele Kinder einfach wieder ein, während meins jedesmal anfängt zu schreien?

Zunächst zur ersten Frage:

Jeder kann sich vorstellen, daß in früheren Zeiten die Menschen nachts nicht so geschützt waren wie wir heute. Sie schliefen nicht in festen Häusern, sondern im Freien – umgeben von Feinden. Die ganze Nacht im Tiefschlaf zu verbringen, wäre zu gefährlich gewesen. Aus dem Traumschlaf, besonders am Ende jeder Traumphase, konnten sie sehr leicht geweckt werden und auf jedes verdächtige Geräusch blitzschnell reagieren. Das Schlafmuster mit „Gefahren-Warnsystem“ war damit biologisch sinnvoll und für das Überleben hilfreich.

Auch wir können nachts nach dem Traumschlaf von verdächtigen Geräuschen oder z.B. Brandgeruch sofort geweckt werden. Bei jedem Wachwerden prüfen wir, ob alles in Ordnung ist. Genau das tun auch die Babys und Kleinkinder.

Damit sind wir bei der Antwort auf die zweite Frage. Beim nächtlichen Aufwachen „checken“ die Kleinen ab: Liege ich richtig? Bekomme ich genug Luft? Ist mir zu warm oder zu kalt? Tut etwas weh? Sie überprüfen also ihre eigenen Körperfunktionen. Und das ist auch sehr wichtig. Sie „checken“ aber auch ab: Ist alles genauso, wie es beim Einschlafen war? Fühlt sich alles „normal“ an?

Nun stellen Sie sich ein Baby vor – vielleicht die 6 Monate alte ***Vanessa,*** *wie sie abends in ihr Bettchen gelegt wird. Sie ist noch wach. Mami gibt ihr einen Gutenacht-Kuß und verläßt das Zimmer. Vanessa kuschelt sich mit ihrem Schmusetuch in ihre gemütliche Schlafstellung, nimmt vielleicht ihren Daumen und schläft ein, wahrscheinlich recht schnell. 3 Stunden später wird sie zum ersten Mal wach. Sie überprüft, ob alles in Ordnung ist: Richtige Umgebung, Schmusetuch, Daumen? Alles ist vorhanden. Alles fühlt sich normal an. Das „Warnsystem" braucht nicht aktiv zu werden. Vanessa schläft weiter, bevor sie richtig wach wird. Sie kann allein einschlafen. Nicht nur beim Mittagsschlaf und abends, sondern auch nachts.*

Nun stellen Sie sich ein anderes Baby vor, vielleicht **Tim** *– ebenfalls 6 Monate alt. Er wird, wie Vanessa, noch voll gestillt. Während Vanessa vom 3. Monat an wach ins Bett gelegt wurde, schläft Tim von Geburt an immer an der Brust ein, tagsüber und abends. Mami sitzt dabei meist im Schaukelstuhl und wiegt ihn sanft auf und ab. Tim schläft friedlich ein und kann nach 10-15 Minuten behutsam in sein Bettchen gelegt werden.*

Wie Vanessa wird er nach 3 Stunden zum ersten Mal wach. Körperlich fühlt er sich gut – aber was ist denn das? Wo ist Mamis Wärme und Mamis Duft? Wo ist das sanfte Schaukeln? Und vor allen Dingen, wo ist die Brust? Gerade eben hat er doch noch so schön daran genuckelt! Tim „checkt" wie Vanessa, ob alles in Ordnung ist. Aber in seinem Warnsystem läuten alle Alarmglocken. Nichts ist in Ordnung! Er ist allein in einer Umgebung, die ganz anders ist als beim Einschlafen. Sofort ist Tim hellwach und fängt aus Leibeskräften an zu schreien. Es dauert nicht lange, bis Mami ihn schlaftrunken aus seinem Bettchen holt, sich mit ihm auf den Schaukelstuhl setzt und ihn anlegt. Ja, denkt Tim, so muß sich das anfühlen beim Einschlafen. So ist es in Ordnung. Und, sanft gewiegt und zwar nicht hungrig, aber genüßlich, nuckelt er sich schnell wieder in den Schlaf. Das Spiel wiederholt sich um 1 Uhr nachts, um 2.30 Uhr, 3.30 Uhr, 4.30 Uhr, 5 Uhr und 5.30 Uhr.

Tim ist ein gesundes, aufgewecktes, freundliches Baby. Die Eltern sind stolz und glücklich, weil er für sein Alter schon so besonders viel gelernt hat. Aber eins hat er noch nicht gelernt: Er kann noch nicht allein einschlafen. Er hat statt dessen gelernt: Wenn ich nachts aufwache, ist nichts so, wie ich es sonst zum Einschlafen gewohnt bin. Ich muß erst schreien, dann kommt Mami und macht alles so, wie es sein muß. Wenn sie nicht sofort kommt, muß ich manchmal länger und lauter schreien. Aber dann kriege ich immer genau die Bedingungen, die ich gewohnt bin. Und nur das, was ich kenne, kann doch richtig sein. Das ist doch klar. So denkt Tim. Er hat für sein Alter wirklich schon viel gelernt.

Seine Mami hilft ihm jede Nacht mehrmals in den Schlaf. Das Stillen kann ihr niemand abnehmen. Deshalb kann sie auch niemals abgelöst werden. Mit all ihrer liebevollen Aufopferung, die sie oft an den Rand der Erschöpfung treibt, erreicht sie aber keine Besserung, sondern im Gegenteil: Sie verhindert, daß sich etwas ändert. Tim hat so gar keine Chance zu lernen: Auch ohne Hilfe einschlafen ist vollkommen in Ordnung. Wenn er das gelernt hätte, könnte auch Tim durchschlafen.

Es gibt sehr viele Kinder wie Tim, die beim Einschlafen abends und nachts auf die Hilfe ihrer Eltern angewiesen sind. Erst mit etwa 4 Jahren sind die Kinder soweit, daß sie sich um alles, was ihnen fehlt, selbst kümmern können. Deshalb kommen Schlafstörungen bei Kindern über 4 Jahren auch schon wesentlich seltener vor, bei Kindern bis zu 2 Jahren aber besonders oft. Die meisten von ihnen schlafen unter Bedingungen ein, die sie nachts nicht allein wieder herstellen können.

***Robert** (6 Monate) z.B. war zwar allein in seinem Bett, brauchte aber zum Einschlafen einen Schnuller. Bis zu zehnmal mußte seine Mut-*

ter jede Nacht aufstehen, um ihm den Schnuller in den Mund zu stecken. Er selbst fand ihn noch nicht allein.

Auch ***Till*** *(10 Monate) schlief allein in seinem Bett, allerdings mit Fläschchen. Aus dem einen Fläschchen wurden nach und nach neun, die ihm ans Bett gebracht werden mußten.*

Bei ***Gina*** *(15 Monate) entwickelte sich das Einschlafen mit Fläschchen zum regelmäßigen nächtlichen Verzehr von einem Liter (!) dickem Milchbrei.*

Kilian *(12 Monate) wurde zum Einschlafen herumgetragen – nachts stündlich jeweils bis zu 20 Minuten lang.*

Bei ***Yannick*** *(8 Monate) war der große Gymnastikball angesagt. Abends und nachts mußten Mama oder Papa mehrmals mindestens 10 Minuten lang mit ihm hopsen, bis er darüber einschlief.*

Lena *(11 Monate) war noch nie in ihrem Leben allein in ihrem Bettchen eingeschlafen, immer in Mutters Bett an der Brust, jede Nacht bis zu sechsmal.*

Florian *(12 Monate) spielte zusätzlich immer mit Mamis Haaren.*

Annina *(6 Monate) wurde tagsüber, abends und nachts in einer speziellen Hängematte in den Schlaf geschaukelt.*

Manche Beispiele hören sich für Unbeteiligte fast komisch an. Sie sprechen aber nur für die Phantasie von verzweifelten Eltern, die nichts unversucht lassen, ihre lieben Kleinen zum Schlafen zu bringen.

__Stefanies__ Vater zum Beispiel kletterte trotz seiner Körpergröße von 1,90 Metern regelmäßig zu seiner Tochter ins Gitterbettchen.

Manche Eltern legen sich als „Bettvorleger" vor das Bett ihres Kindes, andere unternehmen nächtliche Autofahrten oder schieben mitten in der Nacht den Kinderwagen durch die Wohnung. Einige stellen den Staubsauger oder den Fernseher oder sogar den Schleudergang der Waschmaschine an und legen ihr Baby zum Einschlafen oben drauf.

All diese „Einschlaf-Hilfen" bewirken genau das Gegenteil von dem, was sie erreichen sollen. Sie verhindern, daß das Kind lernen kann durchzuschlafen. Der „Erfolg" ist immer nur kurzfristig. Das Einschlafen gehört aber eigentlich zu den völlig natürlichen angeborenen Fähigkeiten, die alle Babys beherrschen, wenn man sie läßt.

Die kleine __Vanessa__ in unserem Beispiel (Seite 35) kommt nachts allein zurecht. Ihre Schmusedecke und ihren Daumen findet sie selbst. Da sie schon seit den ersten Lebenswochen wach ins Bett gelegt worden ist, findet sie es ganz normal und fühlt sich dabei wohl.

Ein Schmusetuch oder Stofftier ist als Einschlafhilfe immer günstig. Beides kann auch nachts leicht ertastet werden. Ohne Schnuller wird ein Kind wahrscheinlich eher seinen Daumen entdecken. Was auch immer man sonst gegen das Daumen-Nuckeln einwenden kann: Daumen-Kinder haben nur selten Schlafprobleme.

Noch ein besonderer Fall ist __Anna-Lena,__ ein Jahr alt. Sie schläft zwar von Geburt an wunderbar allein und schnell in ihrem Bettchen ein, trinkt aber mittlerweile jede Nacht jeweils ein großes Fläschchen Tee und Milch. Sie ist ganz besonders klug und will beim Aufwachen in der Nacht alles genauso haben wie beim Aufwachen in der vergangenen Nacht – nicht etwa wie am Abend. Sie hat gelernt zu unterscheiden:

Abends allein im Bett einzuschlafen ist in Ordnung, aber nachts ist es nur mit Fläschchen in Ordnung.

Kindern wie Anna-Lena fällt das Umlernen besonders leicht. Was andere wieder ganz neu lernen müssen, können sie schließlich schon: allein einschlafen.

Wie Sie die Schlafgewohnheiten Ihres Kindes ändern können, erfahren Sie sehr ausführlich im 4. Kapitel.

Zum Abschluß dieses Kapitels möchte ich noch eine kleine Geschichte erzählen, die kürzlich eine Mutter zum Besten gab:

***Laura** war eigentlich immer ein friedliches, unkompliziertes Kind. Sie schlief von Geburt an bis zu ihrem 4. Lebensjahr bei ihren Eltern im Bett. Da sie einen sehr ruhigen Schlaf hatte, machte es den Eltern nichts aus. Sie hatten nichts dagegen und unternahmen auch nichts dagegen. Mit 4 Jahren erklärte Laura eines Tages mit ernster Miene: „Ich bin jetzt groß. Ich will jetzt allein in meinem Bett schlafen". Genau das tat sie auch. Sehr zum Leidwesen ihres Vaters. Sie hatte sich immer gegen seinen Rücken gekuschelt. An dieses Gefühl hatte er sich so gewöhnt, daß er nun nach seinen nächtlichen Aufwach-Phasen nicht wieder einschlafen konnte. Sein Warnsystem zeigte „nicht in Ordnung" an. Und was machte er? Er holte sich seine Tochter wieder zurück ins Bett. Erst als sie nach mehreren Versuchen immer noch heftig protestierte, sie sei doch jetzt groß, gab er auf und mußte wohl oder übel wieder lernen, ohne seine Tochter im Rücken einzuschlafen.*

Kapitel 2: Das Wichtigste in Kürze

- **Nach 6 Monaten können Babys Tag und Nacht unterscheiden**
  Mit 6 Monaten haben die Babys den Unterschied zwischen Tag und Nacht gelernt. Ihr Schlafmuster ist ausgereift und läuft schon ähnlich ab wie beim Erwachsenen. Sie können nun ca 11 Stunden hintereinander schlafen und brauchen nachts nichts mehr zu trinken.

- **Nächtliches Aufwachen ist normal**
  Der Schlaf ist kein gleichförmiger Zustand. Mehrmals in der Nacht wechseln sich Tiefschlaf und Traumschlaf ab. Nach jeder Traumphase wird das Kind kurz wach. Das ist ganz normal.

- **Bestimmte Einschlaf-Gewohnheiten können zu Durchschlaf-Problemen führen**
  Viele Kinder können nach dem Wachwerden nicht wieder allein einschlafen. Sie weinen jedesmal nach ihren Eltern. Diese Kinder sind nicht „gestört", sondern besonders lernfähig. Sie haben gelernt, daß zum Einschlafen ganz bestimmte Gewohnheiten gehören – nicht nur tagsüber und abends, sondern auch nachts. Außerdem haben sie gelernt, diese Gewohnheiten ihren Eltern gegenüber durchzusetzen.

- **Wer allein einschlafen kann, kann auch durchschlafen**
  Kinder, die regelmäßig allein in ihrem Bettchen einschlafen, haben nur selten Schlafprobleme. Zwar werden auch sie nachts mehrmals wach. Aber sie finden allein wieder in den Schlaf zurück und sind dabei nicht auf die Hilfe ihrer Eltern angewiesen.

3

Wie Ihr Kind ein „guter Schläfer“ wird

In diesem Kapitel erfahren Sie ...

- was Sie in den ersten 6 Monaten tun können, damit Ihr Kind ein guter Schläfer wird
- wie Sie vom 6. Monat an für Ihr Kind sinnvolle feste Zeiten und ein harmonisches Abendritual gestalten können
- unsere Meinung zum Thema „Schlafen im Elternbett“

Die ersten 6 Monate

Vielleicht ist Ihr Baby noch sehr klein, oder es ist noch gar nicht auf der Welt. Dann haben Sie die Möglichkeit, vorzubeugen und von Anfang an günstige Schlafgewohnheiten einzuführen [(6)].

Ist Ihr Baby schon etwas älter, müssen Sie es manchmal an andere Bedingungen gewöhnen. Dagegen wird es wahrscheinlich zunächst einmal protestieren. Wie Sie günstigere Bedingungen durchsetzen und trotzdem auf die Bedürfnisse Ihres Kindes Rücksicht nehmen können, erfahren Sie in Kapitel 4.

Auf den nun folgenden Seiten geht es darum, wo, wie und wann Ihr Kind am besten schläft. Wie immer gilt: Vorbeugen ist besser als behandeln.

Wo soll das Baby schlafen?

Die ersten Lebenswochen sind eine aufregende Zeit, ganz besonders beim ersten Kind. Viele Eltern sind überwältigt von ihrem Gefühl zu diesem kleinen Wesen, das ihr Leben total verändert hat. Sie wollen es am liebsten gar nicht aus den Augen lassen und Tag und Nacht in seiner Nähe sein. Viele junge Eltern fühlen sich aber auch erschöpft und ab und zu überfordert – besonders, wenn ihr Baby sehr viel schreit. Deshalb gibt es für die ersten Wochen auch keine allgemeine Regel, wo das Baby am besten schlafen sollte.

- Am sinnvollsten ist es auszuprobieren, wie sich Eltern und Kind am wohlsten fühlen. Da Neugeborene auch nachts mehrmals gestillt oder mit dem Fläschchen gefüttert werden müssen und dabei sehr oft wieder einschlafen, holen viele Mütter das Baby nachts einfach mit zu sich ins Bett. In den ersten Wochen ist das völlig in Ordnung.
- Genauso richtig ist es, das Baby immer in sein eigenes Körbchen oder Bettchen zu legen. Das kann im Elternschlafzimmer oder im eigenen Kinderzimmer stehen. Wichtig ist nur, daß die Eltern durch einen Türspalt oder ein Babyphon auffällige Geräusche mitbekommen.

- Fühlen Sie sich am wohlsten, wenn Ihr Baby ganz in Ihrer Nähe ist, dann holen Sie es in Ihre Nähe. Vielleicht haben Sie aber Angst, Ihr Baby nachts in Ihrem Bett zu erdrücken. Oder Sie können mit dem Baby in Ihrem Zimmer selbst kein Auge zumachen, weil Sie bei jedem lauten Atemzug hochschrecken. Dann ist es sinnvoller, die Wiege in ein anderes Zimmer zu stellen. Sie brauchen deshalb überhaupt kein schlechtes Gewissen zu haben. Ihr Kind braucht natürlich Ihre Liebe und viel körperliche Nähe und Wärme. Die können Sie ihm auch dann geben, wenn es wach ist. Zeigen Sie Ihrem Kind Zuwendung auf eine Art und Weise, die zu Ihren eigenen Bedürfnissen paßt.

Schlafzeiten und Einschlaf-Gewohnheiten

Sie wissen bereits, daß ein Neugeborenes noch nicht Tag und Nacht unterscheiden kann. Es wird wach, wenn es Hunger hat und schläft ein, wenn es satt ist. Hunger hat es noch ziemlich oft, manchmal alle zwei Stunden. Es dauert 4-6 Monate, bis sich eine „innere Uhr“ entwickelt hat. Die „innere Uhr“ läßt z.B. nachts die Körpertemperatur absinken und bewirkt, daß der ganze Organismus auf „Schlaf“ umschaltet. Die eingebaute biologische Uhr stimmt jedoch nicht genau mit dem 24-Stunden-Rhythmus eines Tages überein. Ohne äußere Einflüsse wie regelmäßige Mahlzeiten, Aufsteh- und Bettzeiten usw. würde unsere innere Uhr erst nach ca. 25 Stunden den nächsten Tag einläuten. Wir haben also sozusagen immer eine Stunde „in Reserve“.

Im Urlaub z.B. hat wohl jeder schon einmal die Erfahrung gemacht, daß es Abend für Abend später wird und auch kleine Kinder gegen Ende des Urlaubs morgens ungewohnt lange schlafen. Wichtiger ist aber eine andere Schlußfolgerung: Kinder, auch kleine Säuglinge, brauchen eine gewisse Regelmäßigkeit, damit sich die innere Uhr auf den normalen Tagesablauf einstellen kann. Schon in den ersten Lebenswochen können Sie Ihrem Baby helfen, den Unterschied zwischen Tag und Nacht zu lernen.

- Nachts sollten Sie es z.B. nur wickeln, wenn es wirklich naß ist. Machen Sie nur so viel Licht wie unbedingt nötig, und legen Sie Ihr Baby nach dem Stillen oder dem Fläschchen gleich wieder zurück ins Bett. Spielzeit sollte von Anfang an nur tagsüber sein. Dann können Sie z.B. das Wickeln über die nötige Routine hinaus ausdehnen, um mit dem Baby zu spielen oder zu schmusen. Geschaukelt, getragen oder im Wagen gefahren zu werden, gefällt den meisten Babys besonders gut, wenn sie gerade satt und zufrieden sind. Schenken Sie Ihrem Kind vor allem dann viel Aufmerksamkeit, wenn es gerade wach und ausgeschlafen ist.
- Wenn Ihr Baby nachts nach dem Stillen nicht gleich wieder einschlafen will, lassen Sie es ruhig ein Weilchen vor sich hin quengeln. Erst, wenn es richtig anfängt zu schreien und sich offensichtlich nicht selbst beruhigen kann, versuchen Sie es zu trösten. Sie können es streicheln, schaukeln, ihm etwas vorsingen oder mit ihm auf und ab gehen. Es ist aber nicht sinnvoll, einem Baby nachts immer wieder die Brust oder die Flasche zu geben, wenn es schon längst satt ist. Nur in besonderen Fällen sollten Sie Brust oder Fläschchen zur Beruhigung geben. Sonst wird es sehr schwierig, die Zeiten zwischen den Mahlzeiten – auch nachts – nach und nach auszudehnen. Was hilft es Ihnen, wenn Ihr Baby zwar nachts keinen Hunger mehr hat, aber stündlich zur Beruhigung nuckeln will? Wenn Sie es häufig auf andere Weise beruhigen, kann es lernen, auch ohne Brust einzuschlafen. Dann wird es wahrscheinlich nachts nur noch wach, wenn es wirklich Hunger hat.
- Auch tagsüber ist stündliches Stillen nur bei einigen sehr zarten Neugeborenen sinnvoll, oder wenn die Milchproduktion noch nicht so recht in Gang gekommen ist. Ist Ihr Kind gesund und nimmt gut zu, können Sie ihm schon mit etwa 4 Wochen 3stündige Pausen zwischen den Mahlzeiten zumuten. Nachts können die Pausen sogar noch länger sein.

Joanne Cuthbertson und Susie Schevill empfehlen in ihrem leider nur in englischer Sprache erschienenen Elternratgeber [7] eine Methode, die schon vielen Babys zum frühen Durchschlafen verholfen hat. Sie können schon am 3. Lebenstag, aber natürlich durchaus auch zu einem späteren Zeitpunkt in den ersten Lebenswochen damit anfangen:

- Auch wenn Sie sonst ganz nach Bedarf stillen oder füttern, legen Sie den Zeitpunkt für die letzte Abendmahlzeit fest: Am besten zwischen 22 und 24 Uhr, bevor Sie selbst schlafen gehen. Jeden Tag um diese Zeit wecken Sie Ihr Baby und stillen es oder geben ihm sein Fläschchen, egal wie lange es bis dahin geschlafen oder wann es zum letzten Mal getrunken hat. Achten Sie darauf, daß diese späte Abendmahlzeit wirklich gehaltvoll ist. Wird Ihr Baby beim Trinken zu schnell schläfrig, wickeln Sie es zwischendurch.

Diese regelmäßige Mahlzeit hilft Ihrem Baby, seine innere Uhr auf den Tag-Nacht-Rhythmus einzustellen. Nach einigen Tagen wird es sich angewöhnen, zu dieser festen Zeit auch hungrig zu sein und viel zu trinken. Viele Babys schlafen nach der späten Abendmahlzeit nach und nach immer länger, bis sie vor Hunger wach werden. Wenn es bei Ihrem Baby nicht von selbst klappt, können Sie ihm dabei helfen. Es sollte 5-7 Wochen alt und gesund sein und mindestens 5 kg wiegen, dann können Sie die folgenden **Schritte** beherzigen.

- Fangen Sie jetzt damit an, Ihr Kind regelmäßig wach ins Bett zu legen. Es kann schon lernen, allein einzuschlafen.
- Lassen Sie normale Geräusche zu. Ihr Baby braucht keine absolute Ruhe.
- Wecken Sie Ihr Baby, wenn es tagsüber zu lange schläft. Besonders am späten Nachmittag sollte es ruhig etwas länger wach sein. Spielen Sie mit ihm!
- Nach der späten Abendmahlzeit (nach 22 Uhr) sollten Sie Ihr Baby nie wecken. Wenn es weint, warten Sie erst einmal ab. Geben Sie ihm die Chance, sich selbst zu beruhigen.
- Die Zeit bis zur ersten Morgenmahlzeit kann vom Zeitpunkt der späten

Abendmahlzeit an langsam ausgedehnt werden. Ihr Kind kommt jetzt wahrscheinlich bis 5 oder 6 Uhr morgens ohne Nahrung aus.

Es folgen einige **Tips,** wie Sie ihm dabei helfen können. 3-4 Tage lang kann es dauern, bis der Erfolg sichtbar wird.

- Am günstigsten wäre es, wenn nicht die Mutter, sondern der Vater in diesen Tagen den „Nachtdienst“ übernimmt. Mamis Brust zu spüren und dann nichts zu bekommen, nehmen die meisten Babys übel.
- Wenn Ihr Baby wach wird, sollte es nicht sofort gestillt werden. Versuchen Sie, Ihr Baby mindestens eine Stunde „hinzuhalten“. Alles ist dabei erlaubt: Streicheln, Reden, Schnuller geben, Herumtragen, Wickeln, sogar Fernsehen. Wenn Ihr Kind dabei einschläft – herzlichen Glückwunsch. Wenn nicht, können Sie ihm Tee oder Wasser aus dem Fläschchen geben. Erst ganz zuletzt, mindestens eine Stunde später als üblich, bekommt es Mamis Brust oder Milch aus dem Fläschchen. Zögern Sie diese Mahlzeit jeden Tag etwas hinaus. Ihr Baby wird dann abends besonders viel trinken und nicht mehr so schnell hungrig aufwachen.
- Das nächtliche Herumtragen, das Teefläschchen und die anderen „Hilfen“ sollten Ihrem Baby den Übergang erleichtern, aber natürlich nicht zur Dauer-Gewohnheit werden. Wenn Ihr Baby von 23 Uhr bis 5 oder 6 Uhr schläft – und genau das kann es auf diese Art und Weise lernen – kann das Ihnen beiden nur guttun.
- Sollte nach der 4. Nacht immer noch keine Besserung eingetreten sein, geben Sie das Hinauszögern der Morgenmahlzeit auf. Ihr Kind braucht noch etwas Zeit. 4 Wochen später können Sie es noch einmal probieren.

Bei Säuglingen unter 6 Monaten spielt die biologische Reifung und Entwicklung noch eine große Rolle. Deshalb lassen sich manche von ihnen noch nicht in ein festes Zeitschema zwängen.

Die Tips auf Seite 45 können Sie aber auf jeden Fall schon beherzigen.

Zusätzlich sollten Sie Ihr Baby ab dem 3. oder 4. Monat allmählich an regelmäßige Mahlzeiten gewöhnen und es abends immer zur selben Zeit ins Bett bringen.

In manchen Elternratgebern ist zu lesen: Wenn Sie immer nach Bedarf stillen oder füttern und Ihr Kind selbst entscheiden lassen, wann es schlafen will, regelt sich alles von selbst zum Besten. Sicherlich stimmt das auch in vielen Fällen. Wenn Sie ein pflegeleichtes, unkompliziertes Baby haben, brauchen Sie vielleicht überhaupt nicht einzugreifen. Daß das aber nicht in jedem Fall so einfach ist, zeigt die Geschichte vom kleinen Fabian.

Fabian *war erst zehn Wochen alt, aber seine Eltern waren schon am Rande der Erschöpfung. Fabian schlief nachts fast überhaupt nicht. Wenn er nicht schrie, saß die Mutter mit ihm im Bett und wiegte ihn auf dem Arm. Wenn er schrie, trug sie ihn durch die Wohnung. Für kurze Zeit nickte er dann ab und zu ein. Zwischen 4 Uhr und 6 Uhr morgens war die Nacht zu Ende. Er bekam sein Fläschchen, wurde gewickelt, schließlich gebadet. Das Baden genoß Fabian sehr. Danach schlief er oft 5 Stunden hintereinander – tagsüber von 8 bis 13 Uhr! Nachmittags hatte er noch einmal eine dreistündige Schlafphase. Aber die Nächte waren immer katastrophal. Es mußte unbedingt etwas passieren, obwohl Fabian noch so jung war.*

Zunächst einmal holten die Eltern das Kinderbett aus dem Keller. Fabian sollte nicht mehr wie bisher bei seiner Mutter auf dem Sofa, sondern in seinem eigenen Bettchen schlafen.

Eine weitere Veränderung bot sich sofort an. Da Fabian sich durch das Baden offensichtlich entspannte und danach wunderbar schlafen konnte, mußte das tägliche Bad vom Vormittag auf den Abend verlegt werden.

Außerdem mußte die Mutter etwas tun, was sie sich bisher nie getraut hatte. Sie mußte ihr schlafendes Baby wecken – und wachhalten, um es an den normalen Tag-Nacht-Rhythmus zu gewöhnen. Tagsüber sollte Fabian nun regelmäßig nach 2 Stunden Schlaf geweckt wer-

den. Vor seiner letzten Mahlzeit – sie wurde auf 22 Uhr festgelegt – mußte Fabian möglichst 3 Stunden wach bleiben. In dieser Zeit wurde er in aller Ruhe gebadet und gewickelt.

Das Verblüffende war: Fabian schlief sofort in der ersten Nacht von 22 bis 6 Uhr durch. Er bekam ein Fläschchen und schlief noch einmal ein – bis 8 Uhr. Der Rhythmus stabilisierte sich innerhalb weniger Tage. Obwohl Fabian tagsüber – wie vorher auch – immer noch sehr viel weinte, ging es der Familie wesentlich besser.

Das Baden und Planschen macht übrigens nicht alle Babys müde. Manche sind danach besonders aktiv und quicklebendig. Wenn Sie aber das Gefühl haben, daß auch Ihr Baby nach dem Baden gut schläft, können Sie das Bad am Abend in das tägliche Einschlaf-Ritual aufnehmen.

Für alle Babys ist es hilfreich, wenn die letzte Stunde vor dem Schlafengehen immer gleich und vorhersehbar abläuft. Gerade die letzten Minuten vor dem Zubettbringen sollten Sie so gestalten, daß Sie und Ihr Baby diese Zeit genießen können. Nicht nur das Baden bietet sich dafür an. Auch gemeinsames Schmusen, Singen oder Schaukeln auf dem Schaukelstuhl oder sogar alles nacheinander ist als Einschlaf-Ritual möglich.

Weniger günstig ist das Nuckeln an Mamis Brust oder am Fläschchen. Das sollte mindestens eine halbe Stunde vor dem Zubettbringen passiert sein. Denn Sie wissen bereits: Einschlafen soll Ihr Baby jetzt möglichst nicht mehr mit Ihrer Hilfe, sondern allein in seinem Bettchen.

Die „3-Monats-Koliken"

Wußten Sie, daß manche Babys im Alter bis zu 3 Monaten weniger als eine Stunde am Tag schreien, andere mehr als vier Stunden?

Schreien ist für jedes Baby ein normales Verhalten, das wissen alle Eltern. Schreien löst aber auch bei allen Eltern eine Art Reflex aus, nämlich den dringenden Wunsch, dieses Schreien schnell zu beenden. Den Eltern der „pflegeleichten" Babys wird das auch recht leicht gelingen. Füttern und ein wenig Herumtragen reicht aus, um die Bedürfnisse dieser Kinder zu stillen. Dann sind sie zufrieden und hören auf zu schreien. Die Eltern erleben sich – zu Recht! – als „gute Eltern". Wie frustrierend ist dagegen die Erfahrung, ein schreiendes Baby einfach nicht beruhigen zu können – weder mit Füttern, Wickeln, Herumtragen, schon gar nicht mit Kinderwagen-Fahren. Wie soll man dem Bild der glücklichen jungen Mutter entsprechen, wenn im Kinderwagen selten ein friedlich schlafendes, sondern fast immer ein brüllendes Baby zu „bewundern" ist und man sich dann auch noch mit gutgemeinten Fragen: „Was fehlt ihm denn?" und Ratschlägen: „Sie können es doch nicht einfach schreien lassen!" auseinandersetzen muß?

Zu Hause ist es nicht viel besser. Sogar der genervte Papi oder die Oma schrecken nicht vor Vorwürfen an die stillende Mutter zurück: „Was hast Du denn wieder gegessen, daß das Kind solche Blähungen hat?" Selbstzweifel kommen auf. Wenn das Baby schreit, zieht sich schon Mamis Magen zusammen. Sie hat Angst, ihr Baby wieder nicht beruhigen zu können. Die Beruhigungsversuche werden immer heftiger. Sie setzen immer früher ein. Unvorstellbar, daß das Kleine sich je selbst beruhigen könnte.

Wir wissen, wovon wir reden. Beide Autoren haben recht ausgefallene Methoden ergriffen, um ihren schreienden Babys zu helfen. Dr. Morgenroth trug sein Söhnchen Claas auf und ab – aber stets im Laufschritt! Ich selbst wanderte mit Tochter Katharina an der Brust (!) durchs Haus, bis der Rücken endgültig streikte. Heute wissen wir: Wir waren gute Eltern, obwohl unsere Kinder so viel geschrien haben. Aber wahrscheinlich haben wir zuviel des Guten getan.

Die unterschiedlichen Schreizeiten bei Neugeborenen sind anlagebedingt. Die ersten Monate aber sagen wenig darüber aus, wie sich ein Kind später entwickelt. Ein Schrei-Baby kann später zum freundlichen, stets gut gelaunten Sonnenschein werden. Das zufriedene Baby kann vielleicht später im Kleinkindalter recht schwierige Trotzphasen haben. Einige **Informationen** können Ihnen helfen, mit Ihrem schreienden Baby etwas selbstsicherer umzugehen.

- Magen-/Darm-Störungen sind nach neueren wissenschaftlichen Untersuchungen [8] **nicht** die Ursache für häufiges, langandauerndes Schreien. Auch die Ernährung der stillenden Mutter spielt kaum eine Rolle. Anscheinend verursacht das Schreien selbst Blähungen, z.B. durch beim Schreien geschluckte Luft.
- Vielleicht schreit das Baby, weil es eine Unmenge von Reizen und Informationen verarbeiten muß. Meist liegen die längsten Schreizeiten am späten Nachmittag oder in den frühen Abendstunden. Das könnte bedeuten: Das kleine, erst wenige Wochen alte Baby ist von all diesen Eindrücken überwältigt und überfordert. Es reagiert auf diese Weise auf die Reizüberflutung und schirmt sich so gegen weitere Reize ab.
- Beruhigen Sie Ihr Baby nicht um jeden Preis. Dauerndes Stillen, heftiges Schaukeln, Rennen mit dem Kinderwagen, ständig wechselndes Spielzeug – all dies überfüttert Ihr Kind nur noch mehr mit Reizen und Eindrücken. Wenn Ihr Baby satt und trocken ist, versuchen Sie es mit Streicheln, sanftem Wiegen und ruhigem, behutsamen Sprechen.
- Manche Babys können sich selbst schlecht beruhigen, weil sie beim Schreien ihren Kopf und ihre Ärmchen zurückwerfen. Sie können versuchen, Ihr Baby behutsam in eine bequemere Lage zu bringen. So, wie es sich im Mutterleib „zusammengerollt" hat, kommt es auch in seinem Bettchen eher zur Ruhe.
- Läßt Ihr Baby sich innerhalb von 5-10 Minuten nicht beruhigen, will es in Ruhe gelassen werden! Also legen Sie es für die nächsten 5-15 Minuten hin und warten ab. Dann machen Sie ihm wieder ein behutsames Angebot: „Kann ich dir helfen?" Ihr Kind läßt Sie spüren, ob es Ihre Hilfe haben möchte! Geben Sie ihm die Chance zu lernen, daß es sich selbst beruhigen kann.
- Für Ihr Baby ist sehr wichtig, daß Sie sich nicht nur mit ihm beschäftigen, wenn es schreit. Es würde sonst lernen: „Wenn ich Mamis Zuwendung bekommen will, muß ich schreien. Freiwillig spielt sie nicht mit mir. Also schreie ich!"

- Der Tag wird für Ihr Baby überschaubarer und vorhersehbarer, wenn Schlaf- und Spielzeiten, Spaziergänge und Mahlzeiten regelmäßig stattfinden. Was bei unkomplizierten Kindern nicht erforderlich ist, hilft einem besonders sensiblen Baby, mit seiner Umwelt besser zurechtzukommen.
- Bedenken Sie: Die Verhaltens-Möglichkeiten eines winzigen, noch nicht einmal drei Monate alten Babys sind noch sehr begrenzt: Es kann noch nicht gezielt über einen längeren Zeitraum etwas beobachten. Es kann noch nicht gezielt seine Händchen zum Mund führen und daran saugen. Es kann seinen Blick und die Bewegungen seiner Hände noch nicht aufeinander abstimmen. Es kann noch nicht spielen. Was bleibt ihm zur Selbstbeschäftigung noch übrig? Wenn es älter wird, entwickelt es immer mehr Fähigkeiten. Es kann andere Dinge tun – und braucht nicht mehr soviel zu schreien.

„Schreibabys“ entwickeln besonders oft eine Schlafstörung. Ihre Eltern haben sie mit Schaukeln, Tragen, Stillen o.ä. zum Einschlafen gebracht. Das war auch richtig so. Allerdings kann man sehr leicht den Zeitpunkt verpassen, von dem an dem Baby nichts mehr fehlt. Mit 3, allerspätestens mit 4 Monaten ist dieser Zeitpunkt gekommen. Nun lassen sich die Kleinen viel leichter beruhigen. Trotzdem verlangen sie nach wie vor eine „Sonderbehandlung“, weil sie auf liebgewordene Gewohnheiten nicht mehr verzichten wollen. Auch sie können nun aber lernen, allein einzuschlafen und nachts mehrere Stunden ohne Mahlzeit auszukommen.

Vom 6. Monat bis zum Schulalter

Zeit für feste Zeiten

Wenn Ihr Baby sich bisher noch nicht an regelmäßige Schlaf- und Wachzeiten gewöhnt hat, brauchen Sie nun auf keinen Fall länger abzuwarten. Sie können sicher sein: Auch bei Ihrem Baby ist die biologische Reifung soweit abgeschlossen, daß es nachts nichts mehr zu trinken braucht und ca. 11 Stunden hintereinander schlafen kann. Was es darüber hinaus noch an Schlaf braucht, holt es sich tagsüber bei seinen regelmäßigen Tagesschläfchen.

Feste Zeiten sind für Ihr Baby die beste Einschlaf-Hilfe. Ein Kind, das tagsüber und abends immer zur gleichen Zeit schlafen geht, wird nach einigen Wochen genau zu dieser Zeit müde. Seine innere Uhr hat sich darauf eingestellt.

Mahlzeiten zu regelmäßigen Zeiten sind ebenfalls wichtig. Die innere Uhr kann z.B. weniger gut auf „Nachtruhe“ umschalten, wenn es mehrmals in der Nacht Unterbrechungen durch Mahlzeiten gibt. Körpertemperatur, Hormonspiegel, körperliche Aktivität – ein regelmäßiges Auf und Ab verschiedener Körperfunktionen macht unsere innere Uhr aus. Der Tagesablauf muß aber mit ihr im Einklang sein, sonst gerät sie aus den Fugen. Schichtarbeiter kennen das. Beim Nachtdienst stellt sich zu den Zeiten, wo sie schlafen und essen könnten, weder Müdigkeit noch Hunger ein. Viele Schichtarbeiter haben deshalb gesundheitliche Probleme.

Bei Babys und Kleinkindern kommt es oft zu Schlafstörungen, wenn die Eltern keinen Rhythmus vorgeben. Statt dessen lassen sie das Kind selbst entscheiden, wann es trinken und schlafen will.

Sicherlich gibt es Kinder, bei denen sich alles von selbst einspielt. Es kann aber auch so ausgehen wie bei dem 6 Monate alten Jan:

***Jan** war von Anfang an nach Bedarf gestillt worden. Mit 6 Monaten bekam er 6-9mal die Brust, davon 3-5mal nachts. Abends wurde er zwischen 18 und 24 Uhr ins Bett gelegt. Zwischen 6.30 und 10 Uhr morgens war er ausgeschlafen. Er hielt 1 bis 3 Mittagsschläfchen. Insgesamt dauerten sie zwischen 1 und 6 (!) Stunden.*

Jan konnte nachts beim Stillen oft nicht sofort wieder einschlafen. Das war auch kein Wunder. Woher sollte Jan um 2 Uhr nachts wissen, daß es Nacht war und er nicht etwa gerade einen dreistündigen Mittagsschlaf beendet hatte?

*Der Mutter wurde dieses Durcheinander erst richtig klar, als sie alle Schlaf-, Still- und Schreizeiten 10 Tage lang in ein 24-Stunden-Protokoll eingetragen hatte. Dieses Protokoll finden Sie auf der nächsten Seite (**Abbildung 5**).*

Wenn auch bei Ihrem Baby der Rhythmus nicht regelmäßig ist, sollten Sie einige Tage lang seine Zeiten in das auf Seite 156 abgedruckte Schlafprotokoll eintragen – mit dem Ziel, ein regelmäßiges Muster zu erreichen.

Jan hatte mehrere Probleme gleichzeitig. Er schlief an der Brust ein und bekam nachts mehrere Mahlzeiten. Das mußte geändert werden (siehe 4. Kapitel). Vor allem aber brauchte er dringend einen regelmäßigen Rhythmus.

Im Alter zwischen 6 und 12 Monaten sind für fast alle Babys 2 Tagesschläfchen sinnvoll. Jans Mutter fand es am besten, ihn abends gegen 20 Uhr ins Bett zu legen. Von dieser Zeit sollte sie, zumindest in den ersten Wochen, nicht mehr als 30 Minuten abweichen. Daraus ergaben sich folgende **Schlafzeiten:**

- Nachtruhe: 20 - 7 Uhr
- Vormittags-Schläfchen: 10 bis ca. 11.30 Uhr
- Nachmittags-Schläfchen: 14.30 bis ca. 15.30 Uhr

Abbildung 5: **Schlafprotokoll von Jan**

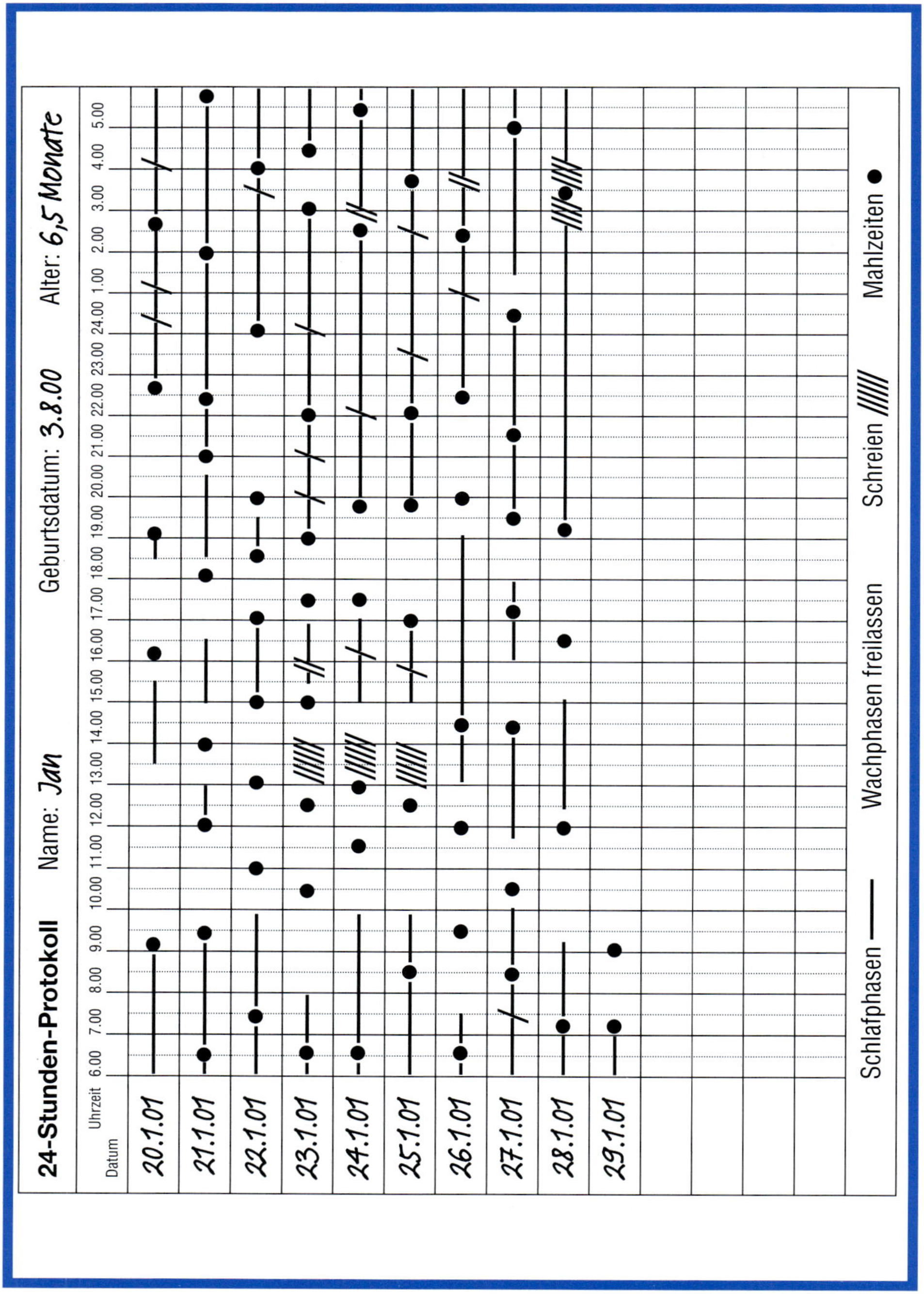

Sie können als Eltern bestimmen, welche Einschlafzeit abends am besten zu Ihrer Familiensituation paßt. Soll Ihr Kind schon um 19 Uhr schlafen, verschieben sich alle Zeiten um eine Stunde nach vorn. Wollen Sie Ihr Kind erst um 21 Uhr hinlegen, werden auch die Tagesschläfchen um 1 Stunde nach hinten verschoben. Es wird einige Tage dauern, bis Ihr Kind die festen Zeiten akzeptiert hat. Sie können ihm helfen, wenn Sie folgende **Tips** beachten:

- Die meisten Kinder schlafen nachts ca. 11 Stunden. Soll Ihr Baby um 19 Uhr einschlafen, wird es um 6 Uhr morgens ausgeschlafen sein.
- Vor jedem Schläfchen sollte Ihr Kind mindestens 3 Stunden wach sein. Die längste Wachphase – mindestens 4 Stunden – sollte es abends vor dem Zubettgehen haben.
- Ihr Kind kann sich am besten an den festen Schlaf-Rhythmus gewöhnen, wenn es jedesmal wach in sein Bettchen gelegt wird.
- Wecken wirkt Wunder! Haben Sie keine Angst, Ihr schlafendes Baby zu wecken, wenn die Schlafzeit beendet ist. Sie helfen ihm damit, sich auf den neuen Rhythmus einzustellen.
- Auch die Mahlzeiten sollten einen festen Platz im Tagesablauf haben. Sie können entscheiden, wann Sie Ihr Kind füttern, ob z.B. vor den Tagesschläfchen oder lieber danach. Wichtig ist nur, daß Sie die einmal gewählte Reihenfolge beibehalten.

Manche Mütter fühlen sich durch einen festen zeitlichen Rahmen eingeengt. Häufig fragen sie: „Und wenn ich mit meinem Kind einkaufen muß oder spazierengehen will? Dann schläft es mir doch ein, und der ganze Rhythmus ist durcheinander.“

Tatsächlich ist es notwendig, sich zumindest einige Wochen lang dem Rhythmus des Kindes anzupassen. Spaziergänge, Einkäufe und andere Aktivitäten unternehmen Sie besser, wenn Ihr Kind gerade ausgeschlafen ist.

Sicherlich sind die Möglichkeiten für spontane Aktivitäten eingeschränkt, solange Sie auf zwei Schlafzeiten Ihres Babys Rücksicht nehmen müssen. Andererseits können Sie sich nach einigen Tagen darauf verlassen, daß Ihr Baby in seinem Bettchen tatsächlich 1-2 Stunden lang friedlich schläft. Diese Zeit können Sie für sich selbst einplanen. Mütter, die monatelang nur einen „20-Minuten-im-Auto- oder -Kinderwagen-Schläfer“ gewohnt waren und nie richtig Zeit zum Atemholen hatten, empfinden diese neu gewonnene Freizeit als wertvolles Geschenk. Gerade durch die regelmäßigen Tagesschläfchen holen die meisten Babys, die bisher viel zuwenig Schlaf hatten, auf. Manche schlafen 2-3 Stunden mehr als vorher.

Wenn Sie einen wichtigen Termin haben, können Sie den festen Rhythmus natürlich einmal unterbrechen. Ist alles erst einmal eingespielt – also nach 2 bis 3 Wochen – dürfen Sie ohne weiteres ab und zu Ausnahmen machen. Auch Wochenendreisen oder ein Kurzurlaub sind dann kein Problem mehr. Innerhalb weniger Tage kann Ihr Baby sich danach wieder an seine „alten Zeiten“ gewöhnen.

Besonders Mütter mit einem größeren zweiten Kind, das nur noch einen Mittagsschlaf hält, beklagen sich: „Vormittags, mittags, nachmittags – immer schläft gerade ein Kind. Ich kann überhaupt nichts unternehmen!“ Verständlicherweise wünschen sie sich so früh wie möglich einen gemeinsamen Mittagsschlaf ihrer Kinder. In diesem Fall können Sie schon ab dem 9. Monat versuchen, Ihr Kind nur einmal am Tag schlafen zu legen.

Normalerweise stellen sich die Kleinen irgendwann zwischen 10 und 18 Monaten von 2 Tagesschläfchen auf einen Mittagsschlaf um. Zur gewohnten Zeit am Vormittag sind sie dann nicht mehr richtig müde. Sie schlafen nicht wie gewohnt schnell ein, sondern spielen und erzählen noch in ihrem Bett. Manche protestieren auch und wollen gar nicht schlafen.

Dann ist der richtige Zeitpunkt gekommen, auf einen einzigen Mittagsschlaf umzustellen.

- Sie können ihr Kind vormittags einfach 1 bis 1½ Stunden später ins Bett legen – und sind damit bereits in der Mittagszeit angelangt. Das Nachmittagsschläfchen lassen Sie dafür ausfallen. Es ist aber auch möglich, den Übergang etwas sanfter zu gestalten, z.B. 2 Wochen lang zwischen einem und zwei Schläfchen zu wechseln.

- Je älter Ihr Kind wird, desto besser kann es sich auf eine Zeit einstellen, die Sie ihm vorgeben. Ob der Mittagsschlaf vor dem Mittagessen oder danach, ob ab 12 Uhr, 13 Uhr oder 14 Uhr stattfindet – Ihr Kind kann sich daran gewöhnen. Sie können selbst entscheiden, welche Zeit für die Bedürfnisse Ihrer Kinder und für Ihre Familie am besten paßt. Nur eines ist wichtig: Vor dem Zubettgehen abends sollte Ihr Kind mindestens 4-5 Stunden wach sein.
- Zwischen 2 und 5 Jahren gewöhnen sich fast alle Kinder den regelmäßigen Mittagsschlaf ab, die meisten im 3. oder 4. Lebensjahr. Manche Kinder würden zwar gern noch mittags schlafen, wären aber dafür bis 22 Uhr abends noch hellwach. Viele Eltern ziehen es dann sicher vor, den Mittagsschlaf zugunsten einer verlängerten Nachtruhe zu streichen.

Wenn der Schlaf-Rhythmus gestört ist

Wir haben in der Praxis häufig eindrucksvoll erfahren, wie recht ausgefallene und für die Eltern belastende Schlafzeiten zur festen Gewohnheit werden können.

> ***Bianca*** *z.B. war 17 Monate alt. Einmal am Tag schlief sie, zu unterschiedlichen Zeiten, 1-2 Stunden lang im Kinderwagen. Abends warteten die Eltern, bis Bianca ihnen müde erschien. Zwischen 22 und 23 Uhr schlief sie an der Brust ein. Auch nachts mußte sie infolgedessen bis zu 5mal gestillt werden. Morgens um 7.30 Uhr war die Nacht zu Ende. Das waren insgesamt nur 11 Stunden Schlaf.*
>
> *10 Tage nach unserem Beratungsgespräch schlief Bianca bereits durchschnittlich 13 Stunden. Die Eltern hatten sie wie vereinbart mittags und abends wach ins Bettchen gelegt – mittags immer zur gleichen Zeit, abends jeden Tag ca. 10 Minuten eher, mittlerweile gegen 20.30 Uhr. Bianca akzeptierte das fast ohne Protest. Sie schlief einfach länger.*

Fast ein Jahr später erfuhren wir, daß Bianca inzwischen wunderbar von 20 Uhr bis 8 Uhr morgens schlief. Die Eltern schrieben uns: „Wir haben als Erfolg Ihrer Therapie unsere zweite Tochter bekommen“.

Auch **Barbara,** *6 Monate alt, schlief immer erst zwischen 22 und 24 Uhr ein. Die Mutter gab ihr zwar regelmäßige Mahlzeiten, überließ ihr aber die Entscheidung über die Schlafzeiten. Barbara entschied: Ich will jede Nacht 3 Stunden wach sein, 3mal am Tag ein Schläfchen halten, eins davon nach 18 Uhr, und abends will ich am liebsten überhaupt nicht ins Bett. Außerdem will ich zum Einschlafen herumgetragen werden.*

Nach der Beratung führte die Mutter auch für das Schlafen feste Regeln ein. Barbara kam wach in ihr Bett, und zwar zu folgenden Zeiten: 22 bis 8.30 Uhr, 11.30 bis 13 Uhr und von 16 bis 17 Uhr. Täglich wurden alle Zeiten um 10 Minuten nach vorn geschoben, bis als Einschlafzeit 21 Uhr erreicht war. 21 Uhr war für die Mutter in Ordnung. Es klappte. Barbara schlief ab der zweiten Nacht durch.

Ein zu spätes Tagesschläfchen führt wie bei Barbara fast immer zu Problemen beim abendlichen Einschlafen und nächtlichen Durchschlafen.

Ganz besonders beeindruckt hat uns **Nadine,** *2 1/2 Jahre alt. Im Alter von 3-6 Monaten hatte sie durchgeschlafen, aber dann entwickelte sie eine Schlafstörung, die die Eltern zur Verzweiflung brachte. Mehrere Kinderärzte wurden aufgesucht. Auch Medikamente brachten nicht den gewünschten Erfolg. Der aktuelle Stand: Nadine ließ sich gegen 20 Uhr problemlos ins Bett bringen. Sie schlief rasch ein – und war um 21 Uhr wieder wach und wollte aufstehen. Das tat sie auch, denn alle Versuche ihrer Eltern, sie wieder zum Einschlafen zu bringen, scheiterten.*

Also kam Nadine zu ihren Eltern ins Wohnzimmer, spielte und naschte ein paar Erdnüsse. Sie beschäftigte sich meist friedlich, während der Fernseher lief. Abwechselnd mußten Vater oder Mutter todmüde mit ihr vor dem Fernseher ausharren, denn Nadine hatte Stehvermögen. Gegen 0.30 Uhr schlief sie endlich ein – auf der Couch. Dann ließ sie sich ins Bett tragen und schlief durch, bis 8 oder 9 Uhr morgens. Ab und zu hielt sie noch einen einstündigen Mittagsschlaf gegen 12 Uhr.

Bei Nadine war entscheidend, die richtige Diagnose zu stellen. Sie hielt ganz offensichtlich von 20 bis 21 Uhr ihren „Mittagsschlaf“. Danach sofort wieder einzuschlafen, war ihr unmöglich. Ihre innere Uhr war für die nächsten 3½ Stunden auf „hellwach“ gestellt. Sie hatte sich schlicht und einfach an diesen Rhythmus gewöhnt. Die Nascherei von Erdnüssen und Kartoffelchips tat ihr übriges, um Nadines Kreislauf richtig in Schwung zu bringen.

Die Behandlung bestand nur darin, den „Mittagsschlaf“ tatsächlich als solchen zu behandeln und ihn gleichzeitig mit der nächtlichen Einschlafzeit schrittweise vorzuverlegen. Zusätzlich wurde Nadine morgens um 8 Uhr geweckt.

Bereits nach 4 Tagen hatten die Eltern die Einschlafzeit auf 21.30 Uhr vorverlegt. Den Mittagsschlaf hatten sie aus Eigeninitiative direkt auf die Mittagszeit verlegt. Es gab keinerlei Protest: Nadine schlief durch, aber 1-2 Stunden länger als vorher. 7 Monate später bei einer Nachuntersuchung stellte sich heraus, daß Nadine nun von 18.30 Uhr abends bis 7.30 Uhr morgens schlief – noch eine Stunde länger.

Um das Problem zu lösen, hatten die Eltern nur zwei einfache Mittel angewandt: **Verschieben von Schlafzeiten und Wecken**. Wecken wirkt immer dann Wunder, wenn Ihr Kind mittags oder morgens regelmäßig nächtliche Wachzeiten „ausschläft“.

Genau das war auch der Fall bei der knapp zweijährigen ***Jenny.*** *Sie war 3 Monate zu früh zur Welt gekommen und litt zunächst unter starken „3-Monats-Koliken“. Nachts war sie immer längere Zeit wach.*

Zwar verbrachte sie die Zeit von 20 Uhr bis 9 Uhr in ihrem Bettchen, wachte aber fast jede Nacht einmal auf und hielt dann mehrere Stunden durch: Eine Stunde lang spielte und erzählte sie friedlich vor sich hin. Dann fing sie an zu schreien, bekam Tee, durfte kurz auf den Arm. Dann ging es wieder von vorn los. 2-3 Stunden lang blieb sie wach. Mittags schlief sie dagegen meist 3 Stunden ohne Probleme.

Jenny bekam genug Schlaf. Aber die Aufteilung war für ihre Eltern sehr belastend. Sie mußten nur eines tun: ihre Tochter wecken. Morgens zunächst um 8 Uhr, dann jeden Tag etwas eher, schließlich um 7 Uhr. Zusätzlich wurde Jenny nach 2 Stunden aus dem Mittagsschlaf geweckt.

Jenny schlief nach wenigen Tagen durch. Da sie ihren versäumten Schlaf nun nicht mehr morgens oder mittags nachholen konnte, hatte sie bald begriffen: Die Nacht ist zum Schlafen da!

Vielen Eltern fällt es schwer, ihr friedlich schlummerndes Kind morgens „aus dem Schlaf zum reißen“, obwohl es in der Nacht wenig geschlafen hat. Hinzu kommt die eigene Müdigkeit und der sehr verständliche Wunsch, endlich einmal auszuschlafen, besonders am Wochenende. Wenn der Schlaf-Rhythmus jedoch gestört ist wie bei Jenny, gibt es kein besseres Mittel als Wecken. Nach wenigen Wochen ist der neue Rhythmus meist gefestigt, und das Wecken erübrigt sich von selbst.

Ein anderes Problem ist besonders weit verbreitet: Viele Babys und Kleinkinder wachen extrem früh auf. Wie bei Erwachsenen gibt es tatsächlich auch bei Kleinkindern die Tendenz zum „Frühaufsteher“ oder zum „Nachtmenschen“. Trotzdem braucht man sich nicht ohne weiteres damit abzufinden, wenn der kleine Sprößling regelmäßig um 5 Uhr morgens aufstehen will.

Das wollte aber der kleine ***Sebastian,*** *10 Monate alt. Um 5 Uhr, spätestens 5.30 Uhr war er hellwach. Zwischen 8 und 9 Uhr schlief er wieder ein, bis ca. 10 Uhr. Um 12 Uhr machte er seinen Mittagsschlaf. Abends ging er gegen 19 Uhr ins Bett. Bei Sebastian war auffällig, daß sein erstes Schläfchen schon sehr früh stattfand, dicht gefolgt von sei-*

nem Mittagsschlaf. Sebastian wurde sozusagen in der Erwartung von ausgiebigem Schlaf am Vormittag so früh wach.

Da die Mutter den 12-Uhr-Schlaf – zusammen mit dem großen Bruder – unbedingt beibehalten wollte, hatte sie nur eine Möglichkeit: ihren Sohn vormittags so lange wie möglich wachzuhalten und ihn nur noch mittags schlafen zu lassen.

In den ersten Tagen war Sebastian sehr quengelig und übermüdet. Es dauerte zwei Wochen, bis er morgens regelmäßig länger schlief.

Frühes Erwachen ist bei vielen Kindern besonders hartnäckig. Die Eltern brauchen mindestens zwei Wochen Geduld. Erst dann können sie beurteilen, ob ihre Maßnahmen erfolgreich waren.

Noch einige **Hinweise** für die Eltern von „Frühaufstehern“:

- Geht Ihr Kind abends eher als 19 Uhr ins Bett? Dann ist es um 5 Uhr oder 6 Uhr wahrscheinlich ausgeschlafen. Verlegen Sie die Einschlafzeit auf einen späteren Zeitpunkt.
- Bekommt Ihr Kind gegen 5 Uhr sofort etwas zu trinken? Möglicherweise hat es in diesem Fall „gelernten Hunger“. Zögern Sie die erste Mahlzeit hinaus.
- Hält ihr Kind – wie Sebastian – vor 9.30 Uhr sein erstes Tagesschläfchen? Verlegen Sie es auf einen späteren Zeitpunkt.
- Muß in Ihrer Familie jemand sehr früh aufstehen? In den frühen Morgenstunden kommen mehrmals normale Wachphasen vor (s. 2. Kapitel). Ihr Kind reagiert wesentlich stärker auf Geräusche als zu Beginn der Nachtruhe. Sein Schlafbedürfnis ist zum größten Teil gestillt. Es fällt ihm schwer, wieder einzuschlafen. Sehr viel können Sie nicht tun – Sie können lediglich versuchen, laute Geräusche zu vermeiden.

Abendrituale

Bei einem Vortrag meldete sich einmal eine Mutter mit folgender Bemerkung zu Wort: „Ich sehe ein, daß mein Kind nicht an der Brust oder mit Fläschchen, nicht auf meinem Arm und möglichst auch nicht mit mir im Bett einschlafen soll. Aber heißt das nicht, daß ich ihm das Einschlafen so richtig ungemütlich machen muß?"

Das heißt es natürlich nicht. Im Gegenteil: Beim älteren Säugling und beim Kleinkind ist es besonders wichtig, die letzten Minuten vor dem Schlafengehen harmonisch und gemütlich zu gestalten. Ein **festes Ritual** hilft Ihnen und Ihrem Kind, den Ablauf jeden Abend vorherzusehen.

- Gemeinsames Abendessen, Ausziehen, Waschen, Zähneputzen (falls schon Zähne vorhanden sind) – all diese Routinetätigkeiten sollten stets in der gleichen Reihenfolge und jeden Abend etwa zur gleichen Zeit stattfinden.
- Wenn alles erledigt ist, kommt der „gemütliche Teil". Nehmen Sie sich ein paar Minuten Zeit, mit Ihrem Kind zusammen den Tag ausklingen zu lassen. Am besten auf eine Art und Weise, die Ihnen beiden gefällt. Sie können zusammen schmusen, singen, beten, spielen, eine Geschichte erzählen oder ein Bilderbuch betrachten.

Wenn Ihr Kind schon groß genug ist, kann es das Buch vielleicht selbst aussuchen oder sogar selbst bestimmen, was es in der gemeinsamen Zeit mit Mama oder Papa am liebsten machen möchte. Wichtig ist nur, daß Sie und nicht Ihr Kleinkind den Rahmen festlegen.

Ihr Kind wird sofort spüren, wenn Sie unsicher wirken. Es wird dann anfangen, um eine zweite und eine dritte Geschichte zu kämpfen um das Abendritual hinauszuzögern. Diskussionen und Machtkämpfe kommen aber gar nicht erst auf, wenn der Ablauf des Abendrituals immer gleich ist. Dann können Kinder am besten lernen, einen zeitlichen Rahmen – oder die Einschränkung „immer nur eine Geschichte" – zu akzeptieren.

Das intensive Zusammensein mit Ihnen erleichtert es Ihrem Kind, den letzten Schritt, nämlich das Einschlafen, allein und ohne Ihre Hilfe zu schaffen. Der positive Kontakt in den letzten Minuten vor dem Schlafengehen bestärkt das Kind in dem Gefühl, bei Ihnen Geborgenheit, Sicherheit und Zuwendung zu finden. Dieses Gefühl ist für Ihr Kind eine wichtige Voraussetzung, sich als eigenständige Persönlichkeit mit Vertrauen in eigene Fähigkeiten zu erleben.

„Meine Eltern haben mich lieb. Sie sind immer für mich da“ – mit dieser inneren Einstellung fällt es dem Kind leicht, sich beruhigt in sein Bettchen zu kuscheln. Es braucht nicht ständig Ihre körperliche Nähe als Beweis Ihrer Zuwendung. Um sich bei Ihnen sicher und geborgen zu fühlen, braucht es aber die Erfahrung, daß Sie ihm – auch beim Abendritual – Grenzen setzen und sich nicht zum Spielball seiner kindlichen Launen und Forderungen machen lassen.

- Sie können Ihrem Kind die nächtliche Trennung von Ihnen erleichtern und ihm eine „Einschlaf-Hilfe“ anbieten: irgendeinen Gegenstand, der dem Kind von klein auf mit ins Bettchen gegeben wird und fest zum Abendritual gehört. Das kann ein Tuch, eine Mullwindel, ein kleines Kissen, eine Puppe, ein Kuscheltier oder ein Schaffell sein. Es kann auch ein Schnuller sein, wenn das Kind ihn schon allein findet. In jedem Fall hat es „ein Stück zu Hause“, auf das es jederzeit selbst zurückgreifen kann und das es auch z.B. auf Reisen in jedes andere Bett mitnehmen kann. Viele Kinder suchen sich selbst so ein „Schmuseobjekt“ aus, andere scheinen sich weniger dafür zu interessieren. Die Eltern können aber versuchen, eine Puppe oder ein Kuscheltier mit in das abendliche Spiel oder die Geschichte einzubeziehen und ihr Kind nach und nach daran zu gewöhnen.
- Es gibt sehr viele Möglichkeiten, ein harmonisches Abendritual zu gestalten. Welche Spiele, Geschichten, Lieder oder was auch immer Sie dafür auswählen, können Sie zusammen mit Ihrem Kind am besten selbst nach Ihren Neigungen und Interessen entscheiden. Geeignet ist alles, was ruhig und dem Alter des Kindes angemessen ist – und Ihnen beiden Spaß macht. Es gibt auch spezielle Literatur, die Ihnen Anregun-

gen geben kann [9]. Haarsträubend spannende Geschichten oder Cassetten oder wildes Toben auf dem Teppich stimmen das Kind verständlicherweise weniger gut auf das Schlafen ein.

- Viel wichtiger als die Auswahl der „richtigen" Geschichte ist aber die Regelmäßigkeit, sich Abend für Abend noch einmal besonders intensiv Ihrem Kind zu widmen. Auch für Väter (oder Mütter), die abends erst spät nach Hause kommen, ist das eine wunderbare Gelegenheit, den Kontakt zu ihrem Kind zu vertiefen.
- „Erst zusammen spielen, aber dann allein einschlafen": Schon ein Baby mit 7 oder 8 Monaten kann diese Regel verstehen. „Spielen" bedeutet in diesem Alter sicherlich noch eher schmusen, kuscheln oder singen. Es muß auch nicht lange dauern. Dafür spielt das Baden und Wickeln beim Abendritual noch eine wichtige Rolle. Wie beim kleinen Säugling können Sie die Zeit dafür etwas ausdehnen, mit Ihrem Kind spielen und schmusen und ihm Ihre ganze Zuneigung zuteil werden lassen.
- Etwa ab einem Jahr werden viele Kinder zugänglich für kleine Bilderbücher, Fingerspiele oder Geschichten. Ab 2 oder 3 Jahren ist das Vorlesen sicherlich das beliebteste Abendritual. Bis ins Schulalter hinein genießen viele Kinder die abendliche Geschichte, und für nicht wenige wird sie zum Anstoß, sich später für Bücher und Geschichten zu interessieren und selbst zum begeisterten Leser zu werden.
- Schulkinder können sich in den letzten 30 bis 60 Minuten vor dem Einschlafen auch schon gut allein in ihrem Zimmer beschäftigen. Die Eltern sollten dann aber genau festlegen, zu welcher Zeit ihr Kind fertig fürs Bett sein soll und wann das Licht ausgemacht wird – und diese Regeln auch durchsetzen: Die gemeinsame Geschichte oder die Beschäftigung im eigenen Zimmer bekommt das Kind nur dann, wenn es rechtzeitig gewaschen und fertig für die Nacht ist.

Erst zusammen spielen, dann allein einschlafen – das klappt natürlich dann am besten, wenn Ihr Kind von Anfang an daran gewöhnt wird. Wenn es bisher zum Einschlafen Ihre Anwesenheit oder ein Fläschchen brauchte und Sie es nun umgewöhnen wollen, nehmen Sie ihm zunächst etwas weg. Das wird ihm nicht gefallen. Aber mit einem harmonischen Abendritual können Sie ihm – und sich selbst – die Umstellung erleichtern.

Wichtig ist, daß Sie ihr gemeinsames Abendritual mit einem deutlichen Schlußpunkt beenden. Beispielsweise können Sie nach der Geschichte das Buch zuklappen, Ihr Kind ins Bett bringen, zudecken, das Licht ausmachen und nach dem Gutenachtkuß das Zimmer sofort verlassen. Ihr Kind wird dann genau spüren, daß es mit Verzögerungstaktik bei Ihnen nicht landen kann. Bleiben Sie jedoch noch unentschlossen im Zimmer stehen und fragen Ihr Kind womöglich: „Darf ich jetzt gehen?", spürt es sofort Ihre Unsicherheit – und seine eigene Macht. Es spürt: „Ich kann hier die Regeln bestimmen. Ich brauche nur zu weinen – und Mami tut, was ich will."

Manchmal fängt es ganz harmlos an. ***Markus,*** *15 Monate alt, hatte die Angewohnheit, beim Einschlafen Mutters oder Vaters Anwesenheit in seinem Zimmer zu „brauchen". Sie mußten einfach nur da sein und neben seinem Bettchen stehen. Für die Eltern war das – zu Recht – vollkommen in Ordnung, solange Markus innerhalb weniger Minuten einschlief. Doch seit er 1 Jahr alt war, dauerte das nach und nach immer länger. In den letzten Wochen hatten Vater oder Mutter täglich abends mindestens 1 Stunde neben Markus' Bett verbracht. Er hatte gelernt „auf der Hut" zu sein, nach dem Motto: „Ich darf nicht einschlafen, denn dann schleichen sie sich raus."*

Für die Eltern wurde das Abendprogramm zum Alptraum. Spaß machte das tägliche Warten neben dem Kinderbett ihnen nicht, es weckte eher Aggressionen. Von einem intensiven positiven Kontakt zu Markus konnte in dieser Stunde auch nicht die Rede sein. Die Eltern wünschten sich ja nichts sehnlicher, als endlich den Raum verlassen zu können. Markus hat diese Ablehnung sicherlich gespürt. Damit hatte er einen Grund mehr, um die Aufmerksamkeit seiner Eltern zu kämpfen und erst recht wach zu bleiben.

Nach dem Beratungsgespräch wurde das Abendritual geändert.

Vater oder Mutter nahmen Markus auf den Schoß, betrachteten mit ihm ein Bilderbuch oder kuschelten mit ihm – nicht länger als 10 Minuten. Dann brachten sie ihn ins Bett und verließen den Raum. Wieviel kostbarer waren diese wenigen gern miteinander verbrachten Minuten für Markus als vorher die ganze Stunde Kampf!

Es dauerte 5 Tage, bis er regelmäßig problemlos allein einschlief. Der Preis für die wiederhergestellte Harmonie in der Familie: Markus hat insgesamt 15 Minuten lang geweint.

Markus ist kein Einzelfall. Bei ***Mona*** *(9 Monate alt) dauerte es sogar regelmäßig 2½ Stunden, bis sie einschlief. Ihre Mutter war die ganze Zeit bei ihr im Zimmer, in ständigem Blickkontakt. Zwischendurch hielt sie Händchen, nahm ihr Töchterchen auf den Arm, setzte es zurück ins Bettchen. Das Spiel wiederholte sich mehrmals. Monas Mutter war tagsüber berufstätig. Sie schien diese 2½ Stunden zu genießen. Ihr fiel es ausgesprochen schwer, sich abends von ihrer Tochter zu trennen. Die Oma, von der Mona tagsüber betreut wurde, war es, die ihre Tochter zur Schlafberatung „schleppte".*

Fast widerwillig entschloß sich die Mutter nach dem Beratungsgespräch, Monas Zimmer nach dem Gutenachtkuß zu verlassen. Sie blieb aber an der Tür stehen und beobachtete ihre Tochter bis zum Einschlafen durch den Türspalt. Zu ihrer Verblüffung blieb das erwartete Protestgeschrei aus. Zuerst dauerte es eine knappe Stunde, nach 5 Tagen nur noch wenige Minuten, bis Mona schlief – als ob sie förmlich darauf gewartet hätte, endlich ihre Ruhe zu haben.

Nicht alle Kinder akzeptieren eine Änderung des Abendprogramms problemlos. Was Sie tun können, wenn Ihr Kind heftig protestiert, erfahren Sie im nächsten Kapitel.

- Noch ein abschließender **Hinweis:** Die Trennung nach dem Gutenachtkuß fällt vielen Kindern leichter, wenn die Tür einen Spalt breit offen bleibt. Ein Lichtschein und vertraute Geräusche wecken das Gefühl von Nähe und Verbundenheit zu den Eltern. Wenn es räumlich möglich ist, sollten Sie diesem Wunsch Ihres Kindes ruhig nachgeben. Auch meine eigene dreijährige Tochter verlangte jeden Abend von mir, die Tür bis zum Anschlag aufzumachen: „Mama – Tür auf, bis es knallt!“

Schlafen im Elternbett?

Eine befreundete Erzieherin fragte in ihrer Kindergartengruppe kürzlich die drei- bis sechsjährigen Kinder ihrer Gruppe: „Wer von Euch schläft denn schon allein in seinem Bett?“ Von den 25 Kindern meldete sich ein einziges. Alle anderen verbrachten offensichtlich mindestens einen Teil der Nacht im Elternbett.

Auch wenn dieses Verhältnis nicht ganz typisch ist: Im Alter bis zu 6 Jahren ist das Schlafen im Elternbett absolut verbreitet. Nach einer schwedischen Untersuchung [(10)] schlafen über 50% der Dreijährigen und immerhin noch knapp ein Drittel der Neunjährigen nachts bei ihren Eltern. Was so verbreitet ist, kann doch nicht falsch sein, könnte man meinen. Interessanterweise schlafen die Kinder im Elternbett aber nicht besser als die anderen, die allein in ihrem Bettchen liegen – im Gegenteil.

Kinder im Elternbett schlafen häufiger schlecht ein und wachen nachts öfter auf [(11)]. Das gilt aber nur für unseren Kulturkreis. In anderen Kulturen ist das „Familienbett“ eine Selbstverständlichkeit. Von Schlafstörungen wird dort bei den betroffenen Kindern selten berichtet.

Schlafen im Elternbett – richtig oder falsch? So einfach läßt sich die Frage offenbar nicht beantworten. Sicherlich gibt es gute Gründe für Eltern, ihr Kind gelegentlich mit in ihr Bett zu holen. Dazu einige **Beispiele:**

- Ihr Kind hat hohes Fieber. Die Atmung ist flach, der Puls extrem schnell. Sie wollen sichergehen, daß Sie jede Veränderung seines Zustandes auch mitbekommen.

- Ihr Kind hustet sehr stark und bekommt von Zeit zu Zeit kaum noch Luft. Sie wollen sichergehen, daß Ihr Kind im Notfall rechtzeitig Hilfe bekommt.

Keine Frage: Ein schwer krankes Kind braucht die Nähe seiner Eltern. Das Kind mit ins Bett zu holen, kann die einfachste und sinnvollste Lösung sein.

Dasselbe gilt für ein Kind, das nachts offensichtlich vor Angst und in Panik weint. Vielleicht hat es einen schlimmen Alptraum gehabt oder kann belastende Ereignisse des Tages nicht verarbeiten. Vorübergehend kann dem Kind die körperliche Nähe der Eltern helfen. Bei länger andauernden Ängsten ist es jedoch entscheidend, tagsüber die Ursachen der Ängste herauszufinden und anzugehen (mehr dazu im 5. Kapitel).

Für viele Kinder ist das Schlafen im Elternbett jedoch nicht die Ausnahme, sondern die Regel. Ist es für Kinder und Eltern und für die Beziehung untereinander gut?

Folgende **Fragen** können helfen, die Dinge etwas genauer zu betrachten:

- Stört es Sie, wenn Ihr Kind neben Ihnen oder zwischen Ihnen und Ihrem Partner liegt?
- Wird Ihr Schlaf dadurch gestört?
- Wird Ihr Sexualleben dadurch beeinträchtigt?
- Schläft Ihr Kind schlecht ein oder wacht nachts mehrmals auf?
- Brauchen Sie nachts die körperliche Nähe Ihres Kindes, weil Sie sich z.B. sonst allein fühlen?
- Hat Ihr Partner zum Thema „Kind im Elternbett“ eine andere Meinung als Sie?
- Wollen Sie oder Ihr Partner an der Situation etwas ändern?

Haben Sie alle Fragen mit „Nein“ beantwortet?

Dann gibt es wahrscheinlich keine Probleme. Sie haben sich bewußt entschieden, Ihr Kind mit ins Elternbett zu holen und stehen auch dazu. Es wäre nicht sinnvoll, gegen Ihre Überzeugung etwas an der Situation zu ändern.

Haben Sie eine oder mehrere Fragen mit „Ja“ beantwortet? Dann liegen die Dinge anders. Viele Eltern teilen gegen ihre eigentliche Überzeugung das Bett mit ihrem Kind oder sogar mit mehreren Kindern. Sie haben sich nicht bewußt dafür entschieden, sondern sind eher in diese Situation „hineingeraten“. Vielleicht hat sich das Kind nach der Krankheit geweigert, in sein eigenes Bett zurückzukehren. Eine Ausnahme ist zur Gewohnheit und zur Regel geworden.

In manchen Familien wird daraus regelrecht ein „Bäumchen-Wechsel-Dich“-Spiel: Das Kind kommt nachts ins Elternbett. Dort wird es zu eng. Vater zieht um und wacht morgens im Kinderbett auf, Mutter liegt am Rand des Ehebetts, das Kind liegt quer und nimmt fast die gesamte Breite des Ehebetts ein. Dieses Bild kennzeichnet die Situation sehr gut: Ein kleines Kind hat es mit seiner Willenskraft geschafft, seine erwachsenen Eltern an den Rand zu drängen und ihnen zu zeigen, wer in der Familie die Hauptrolle spielt.

- „Um des lieben Friedens willen“ gegen die eigene Überzeugung nachzugeben, führt langfristig nur zu neuen Machtkämpfen. Stehen Sie zu Ihrer Verantwortung, und setzen Sie Ihrem Kind Grenzen. Sie selbst sollten entscheiden, was für Ihre Familie die beste Lösung ist.

Ihr Kind ist damit überfordert. Es spürt Macht, wenn es sich nachts zwischen seine Eltern legt und sie dadurch trennt. Diese Macht hat auch eine Kehrseite: Bei Streit oder Trennung der Eltern könnte das Kind einen Zusammenhang herstellen und starke Schuldgefühle entwickeln.

Manchmal holen sich Mütter oder Väter ihre Kinder ins Ehebett, weil es ihren eigenen Bedürfnissen entspricht: Manche Ehefrau (und mancher Ehemann) ist vielleicht froh, wenn die Gegenwart des Kindes regelmäßige sexuelle Kontakte verhindert. Mancher Erwachsene – ob alleinerziehend oder wegen häufiger Abwesenheit des Partners – möchte nicht gern allein schlafen und holt sich deshalb das Kind ins Bett – als Partnerersatz.

- Versuchen Sie, Ihre eigenen Gründe herauszufinden. Es ist dem Kind gegenüber nicht fair, es für eigene Zwecke zu benutzen.

Kapitel 3: Das Wichtigste in Kürze

Für Babys bis zu 6 Monaten gilt:

- Schon in den ersten Lebenswochen können Sie für Ihr Baby eine späte Abendmahlzeit einführen. Sie wecken Ihr Kind regelmäßig, bevor Sie selbst ins Bett gehen und lassen es ausgiebig trinken. Die Zeit bis zur nächsten Mahlzeit können Sie dann allmählich immer weiter ausdehnen.
- Wenn ihr Baby tagsüber sehr viel schreit, braucht es einen besonders überschaubaren Tagesablauf. Auf zu heftige Beruhigungsversuche sollten Sie verzichten. Geben Sie Ihrem Baby ab und zu für einige Minuten die Chance, sich selbst zu beruhigen.

Vom 6. Monat an gilt:

- Feste Zeiten sind für Ihr Kind die beste Einschlaf-Hilfe.
  Am besten kann es sich daran gewöhnen, wenn es jedesmal wach ins eigene Bett gelegt wird.
- Bis zum Ende des ersten Lebensjahres brauchen die Kinder noch einen Vormittags- und einen Nachmittagsschlaf.
  Die längste Wachphase sollte immer abends vor dem Zubettgehen sein.

Für jedes Alter gilt:

- Erst zusammen spielen, dann allein einschlafen. Ein dem Alter des Kindes angemessenes harmonisches Abendritual erleichtert das Einschlafen und tut der Beziehung zwischen Eltern und Kind gut.
- Nur unter bestimmten Voraussetzungen ist es sinnvoll, sein Kind mit im Elternbett schlafen zu lassen.

4

Wie „schlechte Schläfer“ schlafen lernen können

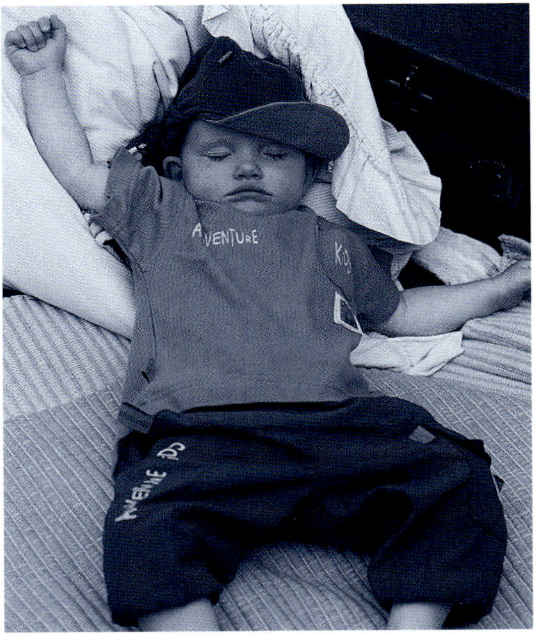

In diesem Kapitel erfahren Sie ...

- welche Einschlaf-Gewohnheiten besonders ungünstig sind und zu Schlafproblemen führen
- wie Ihr Kind lernen kann, allein einzuschlafen und gut durchzuschlafen
- wie Sie Ihrem Kind nächtliche Mahlzeiten abgewöhnen können
- was Sie tun können, wenn Ihr Kind nicht in seinem Bett bleibt

Ungünstige Einschlaf-Gewohnheiten

Sie haben bisher erfahren, wie der kindliche Schlaf abläuft. Ihnen ist klar: Ihr Kind sollte möglichst zu regelmäßigen Zeiten allein in seinem Bettchen einschlafen. Dann wird es auch nachts wieder allein in den Schlaf finden. Der Zusammenhang leuchtet Ihnen inzwischen ein.

Falls Ihr Baby schon älter als 6 Monate ist und ungünstige Schlafgewohnheiten hat: Vielleicht hatten Sie auch selbst schon das Gefühl, irgend etwas „falsch" zu machen. Nun fragen Sie sich schon seit einiger Zeit: Wie soll ich das denn jetzt noch ändern? Mein Kind wach in sein Bettchen legen und allein lassen? Nicht warten, bis es müde ist, sondern selbst die Zeiten festlegen? Das läßt es sich nicht gefallen! Was soll ich denn tun, wenn es schreit?

Unser Ratschlag lautet nicht „einfach schreien lassen". Sie brauchen aber auch nicht abzuwarten, bis sich das Problem von selbst löst. Denn das kann lange dauern. Vielmehr müssen Sie selbst aktiv werden und etwas tun, was Ihrem Kind nicht sehr gefallen wird. Anders ausgedrückt: Sie werden damit aufhören, genau das zu tun, was Ihr Kind will. Für manche Babys (und Eltern!) mag das eine ganz neue Erfahrung sein.

Fast alle Kinder werden zunächst einmal protestieren. Fast alle Kinder können aber innerhalb von 2 Tagen bis 2 Wochen ihre Gewohnheiten ändern – und durchschlafen, wenn sie von ihren Eltern dabei systematisch und konsequent unterstützt werden.

Im 2. Kapitel wurde bereits gezeigt: Wenn Kinder beim Einschlafen auf die Hilfe ihrer Eltern angewiesen sind, können zwei Probleme daraus entstehen.

Entweder: Das Kind ist „auf der Hut", das Einschlafen verzögert sich.

Oder: Das Kind wird nachts wach mit dem Gefühl, daß ihm etwas fehlt. Allein kann es nicht wieder einschlafen. Daher schreit es so lange, bis seine Eltern die gewohnten Einschlaf-Bedingungen wiederherstellen. Das kann sich mehrmals pro Nacht wiederholen. Das Kind schläft nie oder fast nie durch.

Diese Probleme müssen nicht in jedem Fall entstehen. Wenn Ihr Baby zwar abends regelmäßig nur mit Ihrer Hilfe einschläft, sich aber problemlos in sein Bettchen legen läßt und bis zum nächsten Morgen friedlich schlummert, besteht natürlich kein Grund, etwas zu verändern. Wenn Ihr Baby aber nachts mehrmals aufwacht und gleichzeitig regelmäßig nur mit Ihrer Hilfe in den Schlaf findet, können Sie davon ausgehen: Ihre „Hilfe“ verursacht in Wirklichkeit die Schlafstörung.

Mit Schnuller

*Als **Roberts** Mutter zu uns kam, war sie ziemlich verzweifelt. Auf unserem Streßfragebogen kreuzte sie den höchstmöglichen Wert an: „total erschöpft, fertig mit den Nerven, kann nicht mehr.“*

Robert war 6 Monate alt und tagsüber ein strahlendes Bilderbuchbaby. Insgesamt schlief er 15 Stunden lang und lag damit über dem Durchschnitt. Er schlief sogar allein in seinem Bettchen ein. Trotzdem war sein Schlaf gestört. Er brauchte zum Einschlafen einen Schnuller. Abends war das für die Mutter kein Problem. Aber nachts wachte Robert 5-10mal auf und schrie, ab 0.30 Uhr stündlich. Die Mutter mußte jedesmal aufstehen, in sein Zimmer gehen und ihm den Schnuller geben. Dann schlief Robert schnell wieder ein. Seine Mami allerdings lag oft noch lange wach in ihrem Bett. Das Gefühl „Gleich ist es wieder soweit, und er schreit“ verursachte bei ihr Streß und verhinderte das Einschlafen.

Obwohl Robert allein in seinem Bettchen einschlief, brauchte er nachts regelmäßig die Hilfe seiner Mutter. Den Schnuller konnte er noch nicht selbst in den Mund stecken. Robert ging es gut, aber seine Mutter wußte vor Müdigkeit kaum noch, wie sie den Tag überstehen sollte. In diesem Fall war der Schnuller die einzige ungünstige Einschlaf-Bedingung. Die einzig notwendige Veränderung war deshalb, den Schnuller wegzulassen.

Auf das gewohnheitsmäßige Saugen am Schnuller zu verzichten, fällt den Kindern viel leichter, als die Eltern sich vorstellen können. Wie „süchtig“ die

Kleinen danach auch zu sein scheinen, nach 3 Tagen ist der Schnuller immer vergessen. Auch Robert schlief nach 3 Tagen durch bzw. beruhigte sich nach kurzem Aufweinen rasch selbst. Als „Ersatz" legte ihm seine Mutter ein Babyfell ins Bettchen.

Einige Kinder entdecken ihren Daumen, wenn sie keinen Schnuller mehr bekommen. Das scheint jedoch eher die Ausnahme als die Regel zu sein.

Der Schnuller ist meist nicht die einzige Ursache für Schlafstörungen, sondern wird zusätzlich zu anderen „Hilfen" gegeben. Sobald die Kinder ihn selbst finden, etwa ab 1 Jahr, kann er ihren (und Ihren!) Schlaf nicht mehr beeinträchtigen – nur noch, wenn er aus dem Bett fällt. Bestes Mittel dagegen ist, gleich mehrere Schnuller ins Bettchen zu legen.

Auf dem Arm

Felix *war 13 Monate alt, als seine Eltern zur Beratung kamen. Vom 5. bis zum 8. Lebensmonat hatte er durchgeschlafen, doch dann wurde er sehr krank. In dieser Zeit gewöhnten sich seine Eltern an, ihn zum Einschlafen herumzutragen. Auch als Felix längst wieder gesund war, wollte er darauf nicht mehr verzichten. Abends dauerte das Herumtragen 10-15 Minuten, beim Mittagsschlaf sogar eine halbe Stunde. Schlimmer war für die Eltern, daß Felix sie auch nachts 5-6mal brauchte: Vor jedem Übergang vom Traumschlaf in den Tiefschlaf wurde Felix wach und weinte. Auf dem Arm schlief er wieder ein, durfte aber keinesfalls zu früh zurück in sein Bettchen gelegt werden.*

Offensichtlich war er „auf der Hut". So nahm das nächtliche Herumtragen bis zu 2 Stunden in Anspruch. Die Eltern wechselten sich nachts ab. Ihre Geduld und ihre Bereitschaft sich aufzuopfern war bewundernswert. Aber sie waren mit ihren Kräften am Ende. Sie mußten Felix nun zumuten, sich von der Einschlaf-Hilfe „auf dem Arm getragen werden" wieder zu entwöhnen. Felix hatte mehr zu verlieren als Robert. Ihm fiel die Umgewöhnung entsprechend schwer.

Mit den Eltern im Bett

Noch eine weitere „Einschlaf-Hilfe“ ist sehr verbreitet: Mutter oder Vater legen sich zum Kind ins Bett, bis es eingeschlafen ist, oder sie holen sich das Kind ins Elternbett. Andere legen sich vor das Kinderbett und halten Händchen. All diese Kinder scheinen die Anwesenheit der Eltern und den Körperkontakt zu „brauchen“.

Für die Eltern ist das meist nicht ganz so anstrengend wie das Herumtragen. Manche Kinder haben allerdings noch „Sonderwünsche“: Sie wollen mit Mamas Haaren spielen, auf dem Rücken gestreichelt werden oder – wie bei der vierjährigen Lina – mit dem Finger entweder an Mamas Mund oder an Papas Bart entlang streicheln. Wenn diese Kinder nachts aufwachen, kommen sie meist selbst ins Elternbett oder werden von ihren Eltern dorthin geholt – sofern sie nicht ohnehin die ganze Nacht dort verbringen.

Etwas anders lief es bei ***Larissa.*** *Larissa hatte immer gut geschlafen, aber mit knapp 2 Jahren hatte sie plötzlich etwas gegen ihr Bettchen und fing an zu schreien, wenn sie nur in seine Nähe kam.*

Die Mutter konnte sich die Veränderung nicht erklären. Sie vermutete „Angst“ und legte eine zusätzliche Matratze ins Kinderzimmer. Auf dieser Matratze schlief Larissa nun seitdem neben ihrer Mutter ein. Nach 20 Minuten verließ die Mutter das Zimmer. Nachts rief Larissa in der Regel noch 2mal nach ihrer Mami. Mami kam, legte sich zu ihr auf die Matratze und wartete, bis Larissa wieder fest schlief.

Das ging nun seit mehreren Wochen so.Larissas Mutter war hochschwanger und wollte die Situation unbedingt ändern. Da Larissa längst keine Angst mehr hatte und die Anwesenheit ihrer Mutter nicht wirklich „brauchte“, war die Umgewöhnung kein großes Problem.

Wie hartnäckig diese Gewohnheit aber auch bestehen bleiben kann, bewies uns ***Matthias.*** *Er war mittlerweile 8 Jahre alt. Seine Mutter legte sich immer noch Abend für Abend zu ihm ins Bett, bis er einschlief.*

Demzufolge kam er auch nachts regelmäßig zu seinen Eltern. Wenn er Glück hatte, merkten sie nichts, und er schlief in ihrem Bett weiter. Wurde seine Mutter aber wach, fühlte sie sich gestört und trug (!) ihn in sein Bett zurück.

Die Umgewöhnung abends war denkbar einfach. Matthias' Mutter teilte ihrem Sohn fest entschlossen ihre Entscheidung mit, sich zukünftig nicht mehr zu ihm zu legen. Er akzeptierte das. Seitdem kam er nachts nicht mehr zu den Eltern ins Bett.

An der Brust oder mit Fläschchen

Sehr häufig reicht den Kindern die bloße Anwesenheit der Eltern nicht aus. Sie verlangen zusätzlich noch Brust oder Fläschchen. Zwei Möglichkeiten sind denkbar. Entweder trinkt Ihr Kind nachts mehrere Fläschchen Tee oder Milch, oder es trinkt mehrmals pro Nacht die Brust leer. Es hat sich angewöhnt, nachts hungrig oder durstig zu sein. Sie sollten Ihr Kind dann allmählich von seinen nächtlichen Mahlzeiten entwöhnen. Dieser Sonderfall wird unter der Überschrift „Abgewöhnen nächtlicher Mahlzeiten“ (Seite 94) besprochen.

Oder: Ihr Kind nuckelt nachts nur an der Brust, statt kräftiger zu saugen, oder es trinkt immer nur einige Schlückchen aus der Flasche. In diesem Fall ist das Saugen die eigentliche „Einschlaf-Hilfe“. Hunger oder Durst spielen kaum eine Rolle.

So war es bei der 6 Monate alten ***Sonja.*** *Sie schlief abends an Mamis Brust ein, wurde nachts zweimal wach und wieder gestillt. Sonja trank nicht viel, sondern nuckelte sich jedesmal schnell wieder in den Schlaf. Sonja mußte lernen, abends und nachts allein einzuschlafen – ohne an der Brust zu nuckeln.*

Komplizierte Einschlaf-Gewohnheiten

Oft verlangen die Kinder zusätzlich zu Brust oder Fläschchen noch weitere Einschlaf-Hilfen.

> ***Ron*** *z.B., 7 Monate alt, wurde nachts 3-4mal gestillt. Das reichte ihm jedoch nicht aus. Anschließend „mußte“ ihn die Mutter im Arm halten und singen. Papis Gesang schien ihm weniger gut zu gefallen. Der „mußte“ seinen Sohn statt dessen nachts herumtragen.*

> ***Vera,*** *10 Monate alt, hatte sich an eine ganze Kette von Einschlaf-Hilfen gewöhnt, die abends und nachts abgespult werden mußten. Sie trank abends im Bett ein Fläschchen. Danach gab ihre Mami ihr den Schnuller und hielt ihr eine Hand über die Augen, bis sie einschlief. Nachts wiederholte sich das Spiel 7-9mal. Jedesmal trank Vera auch ein wenig aus dem Fläschchen. Gegen 1 Uhr holten die Eltern sie in ihr Bett, weil sie sich nicht mehr anders beruhigen ließ.*

Alle Kombinationen der bisher genannten Einschlaf-Gewohnheiten sind denkbar. Alle sind ungünstige Einschlaf-Bedingungen. Alle können auf ähnliche Weise verändert werden.

Änderung von Einschlaf-Gewohnheiten

„Einfach“ schreien lassen?

Der häufigste Rat, den betroffene Eltern von Bekannten und wohlmeinenden Großmüttern zu hören bekommen ist: „Laß das Kind doch einfach mal schreien“.

Auch viele Kinderärzte geben diesen Rat (in der Fachsprache ist die Rede von der „Extinktionsmethode“). Sie können ihn auch begründen: Wenn die Eltern ihrem Kind nachts nach jedem Schreien Zuwendung geben (Fläschchen, Tragen usw.), belohnen sie damit das Schreien. Das Kind lernt: „Wenn ich schreie, bekomme ich meinen Willen“. Bleibt die gewohnte Zuwendung aus, wird das Schreien nicht mehr belohnt. Das Kind macht die Erfahrung, daß sein Schreien offenbar nicht mehr geeignet ist, das erwünschte Ziel zu erreichen. Es stellt das Schreien ein.

In früheren Generationen war dieses Vorgehen der Normalfall. Tatsächlich wurde noch vor 30-40 Jahren kaum von Schlafstörungen bei Kleinkindern berichtet. Auch neuere Untersuchungen belegen, daß die Methode „Schreien lassen“ Wirkung zeigt.

Wir empfehlen diese Methode jedoch aus guten Gründen **nicht**:

Wirksam kann diese Methode nur sein, wenn sie mehrere Tage lang konsequent durchgehalten wird. Das bedeutet: Das Kind schreit jedesmal so lange, bis es einschläft. Es liegt unter Umständen stundenlang schreiend allein in seinem Bettchen und versteht die Welt nicht mehr. Bisher war es gewohnt, daß bei jedem Schreien sich rasch jemand seiner angenommen hat. Plötzlich wird es erstmals längere Zeit schreiend allein gelassen. Es ist nicht auszuschließen, daß das Kind sich verlassen fühlt und Trennungsangst erlebt. Dies sollte man ihm nicht zumuten.

In ihrer Verzweiflung haben trotzdem schon viele Eltern das „Schreien lassen“ probiert und nach kurzer Zeit wieder aufgegeben, weil es nicht geklappt hat.

Verständlicherweise können die allermeisten Eltern ihrem schreienden Baby nur über einen begrenzten Zeitraum tatenlos zuhören. Nach 10, 20, 30 oder sogar 60 langen Minuten – in denen sich nicht selten ein Ehestreit über den Sinn dieser Methode abspielt – halten sie es nicht mehr aus. Einer von ihnen geht hin, nimmt das Kind auf den Arm und gibt ihm genau die Einschlaf-Hilfe, die man ihm eigentlich abgewöhnen wollte: Schnuller, Fläschchen – was auch immer.

Bei dieser Vorgehensweise hat das Kind keinesfalls gelernt, allein einzuschlafen. Statt dessen hat es gelernt, lange zu schreien, um seinen Willen zu bekommen. Versuchen es die Eltern auf diese Weise mehrmals und steigern dabei ihre Wartezeit, können sich die Schreizeiten im Extremfall auf 2-3 Stunden ausdehnen. Eltern und Kind geht es davon nicht besser, sondern schlechter als vorher.

Der Behandlungsplan: Wie Ihr Kind lernen kann, allein einzuschlafen und gut durchzuschlafen

Unser Behandlungsplan beruht auf der Methode, die Prof. Richard Ferber in seinem Kinder-Schlafzentrum in Boston (USA) entwickelt hat. Ganz ohne Protest verändern die Kinder auch bei dieser Methode nur selten ihre Gewohnheiten. Ihr Schreien wird jedoch in Grenzen gehalten, denn sie bekommen regelmäßig Zuwendung von ihren Eltern. Sie bekommen aber nicht genau das, was sie mit ihrem Schreien erreichen wollen. Deshalb stellen sie ihr Schreien bald ein.

Die meisten Eltern schaffen es daher, den Plan auch tatsächlich konsequent einzuhalten. Dann – und nur dann – ist es sehr wahrscheinlich, daß ihr Kind schon nach einigen Tagen durchschläft.

Es folgt nun der genaue **Ablauf des Behandlungsplans:**

- Zunächst legen Sie für Ihr Kind sinnvolle Essens- und Schlafzeiten fest (s. 3. Kapitel). Zu diesen regelmäßigen Zeiten bringen Sie Ihr Kind tagsüber und abends jedesmal in sein Bettchen. Feste Zeiten sind eine sinnvolle und wirksame Einschlaf-Hilfe.
- Alle anderen „Hilfen“, die Sie Ihrem Kind bisher unmittelbar vor dem Einschlafen gewährt haben, sollte es nun nicht mehr bekommen. D.h. Tragen, Stillen, Fläschchen – was immer Ihr Kind zum Einschlafen brauchte, sollte nun deutlich vom Einschlafen getrennt werden und mindestens eine halbe Stunde vorher stattfinden.
- Die letzten Minuten vor dem Zubettgehen verbringen Sie mit Ihrem Kind am besten in intensivem Kontakt bei einem harmonischen Abendritual (s. 3. Kapitel). Unmittelbar danach legen Sie Ihr Kind wach und allein in sein Bettchen, verabschieden sich (z.B. mit einem Gutenachtkuß) und verlassen das Zimmer.
- Allein wach im Bettchen zu liegen, ist ein völlig ungewohntes Gefühl. Deshalb fängt Ihr Kind nun wahrscheinlich an zu weinen. Es erwartet,

daß Sie die gewohnten Einschlaf-Bedingungen schnell wiederherstellen. Genau das tun Sie jedoch nicht. Statt dessen **gehen Sie nach einem vorher festgelegten Zeitplan vor** und warten zunächst einige Minuten ab, bevor Sie wieder zu Ihrem Kind hineingehen (**Abbildung 6**). Nach unseren Erfahrungen können die meisten Eltern ihrem Kind eine Schreiphase von 3 Minuten zumuten. Daher beginnt der hier abgedruckte Plan mit einer dreiminütigen Wartezeit.

Abbildung 6: **Wartezeit, bevor Sie zu Ihrem Kind gehen**

	1. Mal	**2. Mal**	**3. Mal**	**jedes weitere Mal**
1. Tag	3 min	5 min	7 min	7 min
2. Tag	5 min	7 min	9 min	9 min
3. Tag	7 min	9 min	10 min	10 min
ab 4. Tag	10 min	10 min	10 min	10 min

- Schauen Sie auf die Uhr. „Nach Gefühl“ können Ihnen die wenigen Minuten sehr lang vorkommen. Die Tür des Kinderzimmers kann in dieser Zeit geschlossen bleiben.
- Wenn Ihr Kind noch weint, gehen Sie jedesmal nach Ablauf der Wartezeit zu ihm hinein und bleiben 1-2 Minuten bei ihm. Sie können mit ruhiger, fester Stimme mit ihm reden, es trösten und streicheln. Falls es sich hingestellt hat, legen Sie es wieder zurück, allerdings nicht mehrmals hintereinander. Auf keinen Fall sollen Sie es auf den Arm nehmen oder ihm andere „Hilfsmittel“ wie Schnuller oder Fläschchen geben. Ihr Kind sollte auch nicht in Ihrer Anwesenheit einschlafen. Sinn der Sache ist vielmehr, dem Kind zu zeigen: „Es ist alles in Ordnung. Ich bin da,

aber Du mußt jetzt lernen, allein einzuschlafen.“ Für viele Eltern ist es eine Hilfe, diese Sätze jedesmal auszusprechen. Ihr Baby spürt am Klang Ihrer Stimme Ihre Sicherheit und Entschlossenheit und ebenso Ihre Wärme und Zuneigung genau, auch wenn es den Sinn der Worte noch nicht versteht.

- Manche Kinder reagieren auf die Anwesenheit ihrer Eltern mit noch wütenderem Schreien. In diesem Fall bleiben Sie nur kurz bei Ihrem Kind. Bewährt hat sich die Regel: Je wütender das Kind ist, desto kürzer bleiben Sie da. Gehen Sie trotzdem immer wieder zu ihm hinein, damit es sich nicht alleingelassen fühlt.
- Ob sich Ihr Kind beruhigt hat oder nicht – nach spätestens 2 Minuten verlassen Sie das Zimmer und schauen wieder auf die Uhr. Diesmal warten Sie etwas länger – nach dem Zeitplan 5 Minuten – und gehen dann wieder zu Ihrem Kind und überzeugen sich, daß alles in Ordnung ist. Sie gehen genau vor wie oben beschrieben. Wieder verlassen Sie nach 1-2 Minuten den Raum und warten ab. Ihre Wartezeit steigern Sie diesmal auf 7 Minuten.
- Falls Ihr Kind noch nicht schläft, gehen Sie von nun an alle 7 Minuten zu ihm, um es zu trösten und ihm zu zeigen, daß Sie da sind – bis es tatsächlich allein in seinem Bettchen einschläft.
- Bei den Tagesschläfchen, abends und bei jedem Aufwachen in der Nacht beginnen Sie am 1. Tag jedesmal mit einer Wartezeit von 3 Minuten und steigern bis auf 7 Minuten.
- Am nächsten Tag fangen Sie jedesmal mit einer fünfminütigen Wartezeit an und steigern bis auf 9 Minuten. Diese Zeit behalten Sie wieder bei, bis Ihr Kind allein eingeschlafen ist. Am dritten Tag beginnen Sie bei 7 Minuten und steigern bis auf 10 Minuten. Längere Wartezeiten sollten Sie sich und Ihrem Kind nicht zumuten.
- Gehen Sie nur zu Ihrem Kind hinein, wenn es richtig weint. Bei leisem Jammern oder Quengeln ist die Wahrscheinlichkeit groß, daß es sich von selbst beruhigt. Deshalb ist es sinnvoller, noch abzuwarten.

Bei dieser Vorgehensweise verlernt Ihr Kind sozusagen das Schreien. Statt der erwünschten Einschlaf-Hilfe erreicht es damit nur, daß Vater oder Mutter kurz zu ihm kommen und es trösten. Gleichzeitig ist es müde, da es zu regelmäßigen und sinnvollen Zeiten ins Bett gebracht wird. Deshalb kommt es schnell zu dem Schluß: „Ich strenge mich an und schreie, und was passiert? Für das bißchen Zuwendung lohnt sich der ganze Aufwand nicht. Da schlafe ich lieber“. Das Schlaf-Bedürfnis ist auf die Dauer stärker als die Gewohnheit, um die das Kind zunächst kämpft. Die allmähliche Steigerung der Wartezeit hat zur Folge, daß das Kind lernt: „Länger zu schreien bringt auch nicht mehr. Meine Eltern machen mit mir trotzdem nicht genau das, was ich will.“

Zusätzlich läuft ein weiterer Lernprozeß ab. Jedesmal, wenn das Kind letztendlich allein einschläft, kommt es dem wichtigsten Ziel ein Stück näher: Es gewöhnt sich an das Gefühl, allein in seinem Bettchen einzuschlafen. Nach und nach wird dieses Gefühl sogar zur Einschlaf-Gewohnheit. Schon nach wenigen Tagen ersetzt es die früheren ungünstigen Einschlaf-Hilfen. **Ihr Kind wird zwar nach wie vor nachts wach. Es kann nun aber ohne Ihre Hilfe allein wieder einschlafen,** da der Zustand „allein in meinem Bettchen“ nun als normal und in Ordnung eingestuft wird und keinen „Alarm“ mehr auslöst.

- Wenn Ihr Kind tagsüber nach einer Stunde immer noch nicht eingeschlafen ist, holen Sie es aus dem Bettchen und versuchen, es wachzuhalten bis zur nächsten Schlafzeit. Die Zeit des „Wachhaltens“ kann anstrengend sein. Ihr Kind ist vielleicht quengelig und schläft möglicherweise sogar beim Spielen ein. In diesem Fall können Sie es ruhig zudecken und eine halbe Stunde schlafen lassen. Immerhin hat es das Einschlafen ohne Ihre Hilfe geschafft.
- Wichtig ist, daß Sie Ihr Kind tagsüber und morgens zu seinen üblichen Zeiten wecken, auch wenn es längere Zeit wach war. Wenn es versäumte Schlafzeiten nachholen kann, spielt sich manchmal ein sehr ungünstiger Schlaf-Rhythmus ein (s. 3. Kapitel).

Die ersten beiden Tage bzw. Nächte können für Eltern und Kind schwierig sein. Manche Kinder sind noch nie in ihrem Leben allein in ihrem Bettchen eingeschlafen. Mit welcher Energie sie sich dagegen wehren, hängt von ihrem Temperament und ihrer bisherigen Lernerfahrung ab. Entsprechend reagieren sie sehr unterschiedlich auf den Behandlungsplan.

Einige Kinder weinen nie länger als 15 Minuten und haben sich schon nach 2-3 Tagen umgewöhnt. Bei anderen Kindern dauert es beim ersten Mal 1-2 Stunden, in seltenen Fällen sogar noch länger, bis sie eingeschlafen sind. In dieser Zeit sind Mutter oder Vater zehnmal oder noch öfter zu ihnen gegangen, um sie zu trösten und ihnen zu zeigen: Wir sind da, es ist alles in Ordnung.

Wenn die Eltern ganz konsequent nach dem Plan vorgehen, ist nach dem 3. Tag meist eine sehr deutliche Besserung, nicht selten sogar schon die Lösung des Problems erreicht.

Zum Glück lernen Kinder neue Gewohnheiten viel leichter und schneller als Erwachsene. Nur sehr selten dauert es länger als eine Woche, nur in Ausnahmefällen länger als zwei Wochen. Spätestens dann haben die Kinder sich daran gewöhnt, allein einzuschlafen und durchzuschlafen.

Abweichungen vom Behandlungsplan

Die auf Seite 81 (Abbildung 6) angegebenen Wartezeiten haben sich nach unserer Erfahrung bewährt. Die meisten Eltern kommen damit zurecht. Es ist jedoch durchaus möglich, sich **vor** der Behandlung einen anderen Zeitplan zusammenzustellen.

- Vielleicht erscheinen Ihnen die Wartezeiten zu lang. Dann können Sie alle angegebenen Zeiten um 2 Minuten verkürzen. Bei einer Wartezeit von 5 Minuten angekommen, brauchen Sie sie nicht weiter zu steigern. Auch wenn Sie Ihr Kind niemals länger als 5 oder 6 Minuten allein lassen, wird die Behandlung auf Dauer erfolgreich sein.
- Andere Eltern dagegen haben die Wartezeiten etwas länger ausgedehnt, weil ihre Anwesenheit das Kind nicht beruhigt, sondern immer wütender gemacht hat. Auch Prof. Ferber, der diese Methode entwickelt hat, empfiehlt wesentlich längere Wartezeiten.
- Entscheidend für den Erfolg ist nicht, welche Zeiten Sie für sich festlegen. Viel wichtiger ist: Wählen Sie einen Zeitplan, der Ihnen sinnvoll erscheint und den Sie auch durchhalten können. Während der Behandlung sollte er dann nicht mehr verändert werden. Auch wenn Ihnen ein fester Zeitplan willkürlich erscheint – für die Eltern ist es eine große Hilfe, von vornherein genau zu wissen: Was werde ich als nächstes tun? Es gibt Ihnen die Sicherheit, kontrolliert und zielgerichtet zu handeln. Ihr Kind wird diese Sicherheit spüren. Es wird dann wesentlich schneller den Kampf um alte Gewohnheiten – der ja zum Teil ein Machtkampf ist – aufgeben, als wenn es bei Ihnen Hilflosigkeit und Unsicherheit wahrnimmt.
- In der Regel empfehlen wir, von Anfang an tagsüber und nachts nach dem Plan vorzugehen: bei jedem Tagesschläfchen, abends und nach jedem nächtlichen Erwachen. Der Lerneffekt ist sehr gut, weil die Kinder jedesmal letztendlich allein einschlafen und sich besonders schnell an die neue Situation „allein im Bett“ gewöhnen.

Andererseits können und wollen einige Eltern sich und ihrem Kind das Umgewöhnungs-Programm nicht auf Anhieb mehrmals am Tag und auch noch in der Nacht zumuten. In diesem Fall kann eine weitere Änderung des Behandlungsplans sinnvoll sein – und zwar das **Vorgehen in zwei Schritten:**

- Im ersten Schritt lernt Ihr Kind zunächst mit Hilfe des Behandlungsplans, **tagsüber und abends** allein einzuschlafen. Wird es nachts wach, bekommt es noch die gewohnte Einschlaf-Hilfe – sofort, ohne jede Wartezeit. Oft verbessern sich die Nächte dann von selbst.
- Manchmal werden die Kinder aber nachts immer noch regelmäßig wach, obwohl sie tagsüber und abends schon problemlos allein einschlafen können. In einem zweiten Schritt wenden Sie dann den Behandlungsplan auch **nachts** an. Insgesamt dauert es bei diesem Vorgehen natürlich länger, bis Ihr Kind nachts durchschläft.

Kontrolle des Behandlungs-Erfolgs: Das Schlaf-Protokoll

Im 3. Kapitel – es ging um feste Zeiten – haben wir Ihnen bereits ein Schlaf-Protokoll vorgestellt. Wenn Sie Ihr Kind nach der beschriebenen Methode auf neue Einschlaf-Gewohnheiten umstellen wollen, kann das Protokoll ebenfalls eine große Hilfe sein. Sie tragen die Schlafzeiten, aber auch die Schrei-Zeiten in den auf Seite 157 abgedruckten Zeitplan ein und können auf diese Weise die Fortschritte genau beobachten.

> ***Veras** Schlaf-Protokoll auf der nächsten Seite zeigt einen recht typischen Verlauf. Vor der Behandlung hatte Vera ein sehr kompliziertes Einschlaf-Ritual mit Fläschchen, Nuckeln, Schnuller, Hand-über-die-Augen-halten und Ins-Ehebett-holen. Es wiederholte sich 7-9mal in der Nacht. Vera schlief abends erst nach 2 Stunden ein und war nachts eine Stunde lang wach. Es fehlten ihr mindestens 3 Stunden Schlaf.*

Vera hatte viel zu verlieren. Die Eltern wußten, daß sie einen besonders starken Willen hatte. Ihnen war klar: Vera würde ihre Gewohnheiten nicht ohne Protest aufgeben. Deshalb warteten sie ab, bis Veras Vater Frühschicht hatte und seine Frau bei der Durchführung des Programms unterstützen konnte. Außerdem entschlossen sich die Eltern, für die nächsten Tage im Wohnzimmer zu schlafen, da Veras Kinderbett aus Platzgründen im Elternschlafzimmer stand. Vera bekam von nun an zum Einschlafen weder Fläschchen noch Schnuller. Die Eltern blieben nicht mehr bis zum Einschlafen bei ihr im Zimmer und holten sie nicht mehr ins Elternbett.

Wie erwartet, war der erste Tag sehr schwierig. Der Mittagsschlaf fiel ganz aus, weil Vera sich fast eine Stunde gegen das Einschlafen wehrte und dann aus dem Bett geholt wurde. Der Rest des Tages war ebenfalls anstrengend, denn Vera war sehr quengelig und übermüdet. Abends schlief sie aber erschöpft ohne Protest in ihrem Bettchen ein.

Nach der üblichen Tiefschlaf-Phase kam dann buchstäblich das „böse Erwachen“: Vera stand im Bettchen und schrie sehr wütend. Auf das Hereinkommen und Trösten ihres Vaters reagierte sie regelmäßig mit noch lauterem Schreien. Wurde sie zurückgelegt, stellte sie sich anfangs sofort wieder hin. Trotzdem ging ihr Vater immer wieder hinein, um ihr zu sagen: „Wir sind da. Es ist alles in Ordnung.“ Insgesamt ging er 8mal zu ihr, bis sie endlich schlief. Zuletzt blieb sie in ihrem Bettchen, und es gab längere Pausen zwischen den Schrei-Phasen. Wenn Vera nur leise wimmerte oder ruhig war, wartete ihr Vater ab und ging nicht zu ihr.

Veras Mama lag in dieser Zeit mit Kopfhörer auf dem Sofa und hörte Musik, wie sie vorher mit ihrem Mann vereinbart hatte. Sie war sich nicht sicher gewesen, ob sie diese schwierige Situation sonst durchgehalten hätte.

Die folgenden 5 Stunden schlief Vera durch. Für sie, die vorher ab 23 Uhr immer stündlich wach geworden war, war das schon sehr außergewöhnlich. Um 4 Uhr und dann um 6 Uhr wurde sie nochmals

Abbildung 7: **Veras Schlafprotokoll**

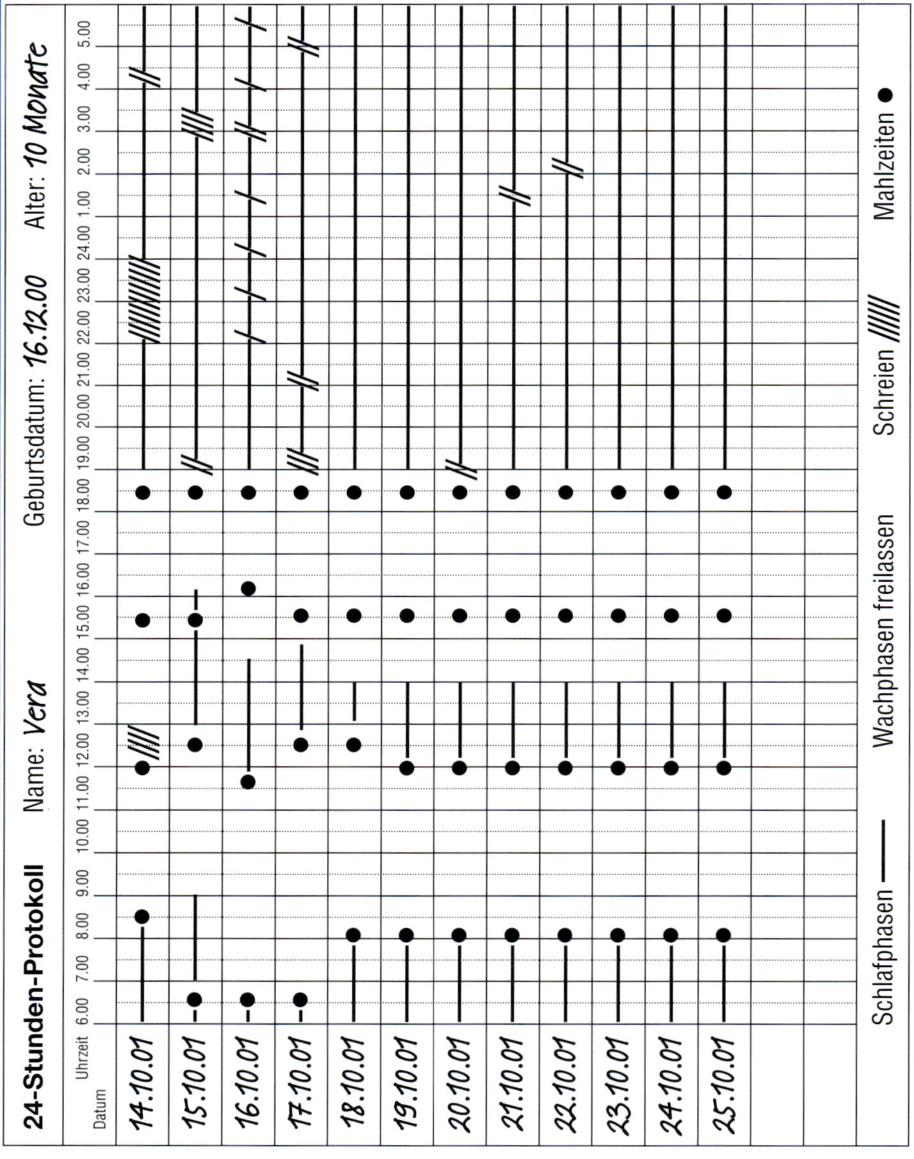

*wach, ihr Vater mußte aber nur noch jeweils einmal zu ihr gehen. Wie Sie am Schlaf-Protokoll (**Abbildung 7**) erkennen können, gab es schon ab dem 2 . Tag beim Mittagsschlaf keinerlei Protest mehr. Die meisten Kinder akzeptieren – wie Vera – Veränderungen tagsüber eher als abends oder nachts. Der 3. Tag zeigt noch eine typische Entwicklung: Vera wurde nachts genau zu ihren früher üblichen Zeiten wach. Sie weinte jedoch nur kurz auf und schlief allein wieder ein, ohne daß jemand zu ihr gegangen war.*

Ab dem 5. Tag schlief Vera durch, von gelegentlichem sehr kurzen Aufweinen abgesehen. Ihre Schlafdauer hatte sich von durchschnittlich 10 auf 14 Stunden erhöht. 8 Monate später bei einer Nachuntersuchung zeigte sich, daß die Behandlung auch auf Dauer erfolgreich war. Ohne jedes Problem schlief Vera nun innerhalb von 5-10 Minuten ein, mit einem Kuschelkissen als einziger Einschlaf-Hilfe. Sie schlief nachts 11½ Stunden durch und mittags zusätzlich 2½ Stunden.

Welche Probleme können auftreten?

Nicht allen Kindern fällt die Umgewöhnung so schwer wie Vera. Zu Beginn des Kapitels war von Robert die Rede, der immer einen Schnuller „brauchte“, und von Larissa, deren Mutter sich zu ihr auf die Matratze legen „mußte“. Beide weinten nie länger als 15 Minuten. Beide schliefen schon nach 3 Tagen durch. Wenn die Umstellung so problemlos verläuft, fragen die Eltern sich: „Das soll alles gewesen sein?“ Sie können kaum fassen, daß mit so geringem Aufwand ein so großer Effekt zu erzielen ist. Leider kann man einen so „glatten“ Verlauf weder garantieren noch vorhersehen. Manche Kinder kämpfen wesentlich stärker und halten längere Schreizeiten durch.

Beim kleinen Ron (s. S. 77), der vom Stillen, Tragen und Singen entwöhnt werden mußte, trat erst am 8. Tag die entscheidende Wende zur Besserung ein. Die 11 Monate alte Janina schlief zwar nach relativ kurzer Zeit durch, sie weinte jedoch noch 3 Wochen lang immer einige Minuten, bevor sie einschlief.

Einige Kinder neigen dazu, zu erbrechen. Die Eltern können es meist vorhersehen, ob das Erbrechen auch durch heftiges Schreien ausgelöst werden kann. Dies ist normalerweise kein Hinweis auf eine Störung, obwohl die Eltern verständlicherweise einen Schreck bekommen. Bei diesen Kindern kann es **auch** während des Umgewöhnungsprogramms zu Erbrechen kommen. Die Eltern sollten dann sofort zu ihrem Kind gehen, alles sauber machen, danach aber mit dem Behandlungsprogramm fortfahren, ohne das Erbrechen zu „belohnen“. Sie helfen Ihrem Kind mehr, wenn Sie mit dem – vorhersehbaren – Erbrechen sachlich und ruhig umgehen.

So war es auch bei ***Felix,*** *dem seine Eltern das nächtliche Herumtragen abgewöhnen wollten (s. S. 74). Nach fünfminütigem Weinen übergab er sich, weitere 5 Minuten später noch einmal. Wie besprochen, zog die Mutter ihren Sohn kommentarlos um und machte sein Bettchen frisch. Dann fuhr sie nach dem Zeitplan fort mit der Methode, im Wechsel zu warten und zu Felix hineinzugehen. Danach kam es nicht mehr zu Erbrechen. Felix schlief nach wenigen Tagen durch.*

Pascal, *12 Monate, war hartnäckiger. Er hatte bisher die Erfahrung gemacht: „Wenn ich mit Schreien nichts erreiche – Brechen hilft bestimmt.“ Er konnte das Erbrechen absichtlich herbeiführen, indem er seinen Finger in den Hals steckte. So konnte er jederzeit seinen Willen durchsetzen. Pascal sollte nun von Mutters Anwesenheit im Bett entwöhnt werden. Am ersten Abend war er so wütend, daß er fünfmal hintereinander den Finger in den Hals steckte und erbrach. Beim Mittagsschlaf verfuhr er genauso, und erst am 3. Tag, als Mutter und Beraterin schon sehr schwankend wurden, hörte er damit auf. Nach dem 5. Tag schlief er durch.*

Offensichtlich hatte er sein Erbrechen als Mittel eingesetzt, um seinen Willen zu bekommen. Hätte er damit Erfolg gehabt, wäre die Versuchung groß gewesen, es auch in Zukunft auf diese Weise zu versuchen. Statt dessen machte er die Erfahrung: „Auch wenn ich mich übergebe, kommt Mama nur herein und macht mich sauber. Sie legt sich aber trotzdem nicht zu mir ins Bett.“ Er entschloß sich schließlich, allein in seinem Bett einzuschlafen und fand es nach einigen Tagen völlig normal und gemütlich. Seine Mutter konnte erstmals seit 12 Monaten abends etwas unternehmen, da sie nun nicht mehr neben ihm liegen mußte. Pascal ließ sich nun auch vom Vater oder der Oma ins Bett bringen.

Pascal ist ein Extremfall. Für ihn und seine Mutter war die Umgewöhnung sehr schwierig. Allerdings litt seine Mutter vorher unter sehr starkem Streß. Darunter hatte auch ihr Sohn zu leiden. Das war ihr völlig klar. Es mußte sich unbedingt etwas ändern. Nur deshalb schaffte sie es, trotz aller Schwierigkeiten einige Tage konsequent zu bleiben.

In den allermeisten Fällen verläuft die Behandlung nicht so problematisch. Trotzdem sollten die Eltern vorsichtshalber damit rechnen, daß die ersten 2-3 Tage für alle Beteiligten schwierig sind.

Es folgen noch einige **Tips,** die den Umgang mit möglichen Schwierigkeiten erleichtern können:

- Wählen Sie einen günstigen Zeitpunkt für den Beginn des Programms. Beginnen Sie mindestens 2 Wochen vor einer Urlaubsreise, weil die neuen Gewohnheiten sonst noch nicht stabil genug sind und durch den Umgebungswechsel der Erfolg gefährdet werden kann. Ein Ortswechsel zu Beginn der Behandlung, z.B. vom Schlafzimmer ins Kinderzimmer, kann dagegen hilfreich sein.
- Vater und Mutter können sich bei der Durchführung des Behandlungsplans abwechseln, allerdings nicht innerhalb einer Nacht. Es ist sehr wichtig, daß beide an einem Strang ziehen. Entscheiden Sie, wer von Ihnen eher fähig ist, konsequent nach dem Plan vorzugehen. Derjenige sollte möglichst die ersten beiden Tage übernehmen. Lassen Sie sich bei der Entscheidung nicht von kindlichen Vorlieben leiten („Ich will Mami“) – entscheiden Sie selbst.

- Wenn das Kinderbett aus Platzgründen bei Ihnen im Schlafzimmer steht, gibt es mehrere Möglichkeiten. Viele Eltern entscheiden sich, für einige Tage in einem anderen Zimmer zu schlafen. Sie ziehen dann wieder zurück ins Schlafzimmer, wenn das Kind durchschläft. Andere quartieren ihr Kind im Reisebett eine Zeitlang in ein anderes Zimmer um. Auch das funktioniert in der Regel, obwohl das Kind einen Wechsel der Umgebung verkraften muß. Es ist auch möglich, das Kinderbett im Schlafzimmer umzustellen oder einen Vorhang anzubringen, so daß kein Sichtkontakt mehr besteht. Auch wenn das Kinderbett im Elternschlafzimmer steht, kann der Behandlungsplan durchgeführt werden. Die Eltern brauchen dann einen besonders starken Willen zum Durchhalten.
- Geschwisterkinder im gleichen Raum machen die Behandlung ebenfalls schwieriger. Vielleicht kann das Geschwisterkind für einige Tage umquartiert werden. Ist das nicht möglich, wird das Weinen des einen das andere natürlich wecken. Sie können trotzdem genau nach Plan vorgehen. Von unseren Erfahrungen mit Zwillingspärchen wissen wir, daß die Methode trotzdem funktioniert, auch wenn die Durchführung etwas schwieriger ist.
- Entscheiden Sie in jedem Fall vor der Behandlung, wie Sie die Wartezeiten steigern wollen, z.B. von 1 auf maximal 6 Minuten oder von 3 auf maximal 10 Minuten. Entscheiden Sie auch vorher, ob Sie zunächst nur tagsüber und abends, oder tagsüber und nachts gleichzeitig beginnen wollen.
- Wenn Ihr Kind während des Behandlungsprogramms krank wird, z.B. hohes Fieber oder starke Schmerzen bekommt, müssen Sie das Programm sofort abbrechen. Bei einem kranken Kind geht es nicht um Gewohnheiten. Wenn es Ihrem Kind schlecht geht, braucht es Ihre Hilfe. Die sollen Sie ihm uneingeschränkt geben. Ist Ihr Kind wieder gesund, können Sie einen neuen Anfang wagen. Das gilt auch, wenn Ihr Kind schon einige Zeit gut geschlafen hat und durch eine Krankheit

wieder rückfällig geworden ist. Es ist möglich, daß Sie mehrmals immer wieder nach dem Plan vorgehen müssen. Der Lerneffekt wirkt von Mal zu Mal schneller.

Je schwieriger die äußeren Umstände, desto mehr ist Ihr Einfallsreichtum gefordert. Eine Mutter zog es z.B vor zu warten, bis ihr Mann eine Geschäftsreise machte. So konnte sie „in Ruhe“ allein nach der Methode vorgehen und ihm bei seiner Rückkehr ein problemlos schlafendes Baby präsentieren.

Ein Vater hatte eine besonders ausgefallene Idee: Er übernahm das Zubettbringen – und schloß seine Frau in bestem Einvernehmen jedesmal solange ein, bis das Baby eingeschlafen war, damit sie ihm nicht in den Rücken fiel.

Nächtliche Trinkgewohnheiten

Abgewöhnen nächtlicher Mahlzeiten

Ein Baby abends vor dem Schlafengehen zu stillen oder es mit Fläschchen einschlafen zu lassen, ist sehr verbreitet. Beim Neugeborenen ergibt es sich meist von selbst so. Daher ist es naheliegend, diese Gewohnheit beizubehalten.

Außerdem ist es ein wunderbares Gefühl, zu spüren, wie sich ein Baby beim Trinken auf dem Arm allmählich entspannt, und zu beobachten, wie es sanft und friedlich einschlummert. Wenn es regelmäßig bis zum nächsten Morgen durchschläft, besteht natürlich überhaupt kein Grund zur Veränderung. Wird Ihr Kind jedoch mehrmals nachts wach und kann nur mit Brust oder Fläschchen wieder einschlafen, ist das Trinken eine ungünstige Einschlaf-Bedingung. Es verursacht in dem Fall die Schlafstörung und verhindert, daß das Kind lernen kann durchzuschlafen. Stillen und Fläschchen-Geben sollte deshalb auch tagsüber und abends vom Einschlafen getrennt werden – d.h. immer mindestens eine halbe Stunde vorher stattfinden.

Zusätzlich beeinträchtigt das nächtliche Trinken den kindlichen Schlaf noch auf andere Weise: Viel Flüssigkeit führt zu nassen Windeln. Wenn Ihr Kind nicht nur Tee oder Wasser, sondern Milch oder sogar Milchbrei bekommt, müssen Magen und Darm mitten in der Nacht auf Hochtouren arbeiten. Der Körper kann gar nicht richtig auf „Schlaf" umstellen.

- Nachts braucht ein Baby mit 5-6 Monaten eigentlich keine Mahlzeiten mehr. Trinkt Ihr Baby immer nur wenig (z.B. insgesamt ein kleines Fläschchen, oder es nuckelt nur an der Brust, ohne richtig zu trinken), können Sie von heute auf morgen die nächtlichen Mahlzeiten weglassen und genau nach dem oben beschriebenen Behandlungsplan vorgehen. Ebenso können Sie verfahren, wenn Ihr Kind schon älter als 2 Jahre ist. Selbst, wenn es nachts noch mehrere Fläschchen trinkt, können Sie diese sofort weglassen. Zwar hat es möglicherweise tatsächlich noch gelernten Durst oder Hunger. Es wird jedoch innerhalb von 1-3 Tagen seine Ernährungsgewohnheiten umstellen und tagsüber entsprechend mehr trinken, wenn es nachts nichts mehr bekommt.

- Bei jüngeren Kindern, die nachts sehr viel Flüssigkeit oder sehr gehaltvolle Mahlzeiten, z.B. dicken Milchbrei, zu sich nehmen, ist ein allmähliches Abgewöhnen sinnvoller. Innerhalb einer Woche können Sie die Trinkmenge schrittweise auf Null bringen.
- Dabei gehen Sie wie folgt vor: Wenn Sie Ihr Kind stillen, trennen Sie das Stillen abends vom Einschlafen. Schauen Sie nachts beim Stillen auf die Uhr und legen Ihr Baby jedesmal eine Minute kürzer an. Gleichzeitig vergrößern Sie den Abstand zwischen den Mahlzeiten. Legen Sie jeden Tag vorher fest, wann Ihr Kind frühestens die nächste Mahlzeit bekommt. Sollte Ihr Kind sich schon früher melden oder nach dem Stillen weinen, gehen Sie nach dem Behandlungsplan vor (ab Seite 80). Zu kurze Stillzeiten, z.B. unter 3 Minuten, bringen eher Unruhe und sollten ganz weggelassen werden.
- Trinkt Ihr Kind nachts aus dem Fläschchen, gehen Sie ganz ähnlich vor. Statt die Stillzeiten zu verkürzen, füllen Sie jedesmal 10-20 ml weniger ins Fläschchen. Bei einer geringen Menge angekommen, lassen Sie das Fläschchen ganz weg. Gleichzeitig wird der Abstand zwischen den Fläschchen täglich vergrößert.
- Einige Mütter behalten eine frühe Morgenmahlzeit zwischen 5 und 6 Uhr noch bei, weil die Kinder danach noch einmal besonders gut schlafen. Wenn sich alle Beteiligten dabei wohl fühlen, spricht auch nichts dagegen. Auf die Dauer schlafen die Kinder ohne diese Morgenmahlzeit jedoch genau so gut.

Nächtliche Trinkgewohnheiten können sich langsam einschleichen.

*Bei **Till,** 10 Monate alt, fing alles ganz harmlos mit einem Fläschchen an. Nach einigen Wochen war Till jedoch bei 9 Fläschchen pro Nacht angekommen. Das war mehr als 1 Liter. Er trank alle leer. Mehrmals pro Nacht mußte er gewickelt werden.*

*Ein anderes Beispiel: **Andreas** war fast 2 Jahre alt. Bis zum Zeitpunkt der Beratung schlief er immer an Mutters Brust ein. Auch nachts mußte er noch 3-5mal gestillt werden. Die Mutter tat dies weder gern noch freiwillig, sondern mit hilfloser Wut. Jeder Umgewöhnungs-Versuch war mit Schreien oder Erbrechen einhergegangen. Die Mutter fühlte sich erpreßt und ausgenutzt. Stillen war für sie nichts Friedliches mehr. Sie nannte es: „Ich schiebe ihm die Brust in den Hals." Weitere Kinder wollte sie nicht haben. „Und wenn noch eins kommt" sagte sie, „werde ich es auf keinen Fall stillen." Daß ihr Sohn auch allein in seinem Bettchen einschlafen würde, konnte sie sich gar nicht vorstellen.*

In diesem Fall war die Mutter-Kind-Beziehung bereits belastet. Deshalb war ein etwas behutsameres Vorgehen sinnvoll. Innerhalb von 3 Tagen erreichte die Mutter, daß Andreas sich ohne Protest mit ihrer Anwesenheit neben dem Bettchen und Händchenhalten zufrieden gab und ohne Brust einschlief. Für die Mutter war dies bereits ein großer Fortschritt.

*Ein weiterer Extremfall war **Sabrina,** 15 Monate alt. Sabrina war ein „schlechter Esser". Sie nahm stetig zu, aber ihr Gewicht lag an der unteren Grenze des Normalbereichs. Die Eltern hatten irgendwann bemerkt, daß Sabrina ihr Fläschchen am besten im Halbschlaf trank. Sie setzten den Breisauger auf die Flasche und füllten sie mit dickem Milchbrei. Und Sabrina trank jede Nacht bis zu 1 Liter Milchbrei, auf 4-5 Flaschen verteilt. Ca. zehnmal wurde Sabrina nachts wach. Der volle Magen störte ihren Schlaf-Rhythmus erheblich. Tagsüber nahm*

Sabrina fast nichts zu sich. Das Urteil vom „schlechten Esser“ bestätigte sich.

Sabrinas Eltern waren nicht zu überzeugen, daß auch ihre Tochter nachts ohne Mahlzeiten auskommen und die Nahrungsaufnahme innerhalb kurzer Zeit auf den Tag verlegen würde. „Sie braucht es doch!“ war ihre feste Meinung. Trotzdem verringerten sie nach dem Beratungsgespräch die nächtliche Trinkmenge. Es blieb bei einer 200 ml-Flasche pro Nacht – und bei einem Wachwerden. Damit konnten sie gut leben.

Am Beispiel der 11 Monate alten ***Lena*** *können Sie verfolgen, wie das Abgewöhnen von mindestens 5 nächtlichen Stillzeiten ablief. Die Mutter hatte den Verlauf der letzten 12 Tage vor der Beratung im* ***Schlaf-Protokoll*** *eingetragen (**Abbildung 8**). Sie nahm ihre Tochter zum Stillen immer mit in ihr Bett. Lena schlief die ganze Nacht dort. Ihre Mutter mußte sich auch tagsüber und abends dazulegen, weil Lena nur an der Brust einschlief. In der Abbildung sind die Stillzeiten als graue Punkte gekennzeichnet.*

Am Tag der Beratung kam Lena erstmals allein in ihr Bett. Von da ab ist der Verlauf im ***2. Schlaf-Protokoll*** *festgehalten (**Abbildung 9**). Es dauerte fast eine Stunde, bis Lena einschlief. Eine Stunde später wurde sie wach, als ihre Mami nach ihr sehen wollte und sich ins Zimmer schlich. Dieses Mal weinte Lena nur wenige Minuten. Danach hatte sie eine fünfstündige Schlafphase – die längste ihres Lebens.*

Um 4 Uhr wurde Lena sofort nach dem Aufwachen gestillt. Auch am 2. und am 3. Tag wurde sie jeweils einmal gestillt. Sie weinte zwar noch eine Zeitlang abends einige Minuten vor dem Einschlafen, schlief aber, von ganz kurzem Aufweinen abgesehen, seitdem ohne Mahlzeiten durch.

Abbildung 8: **Schlafprotokoll vor der Behandlung**

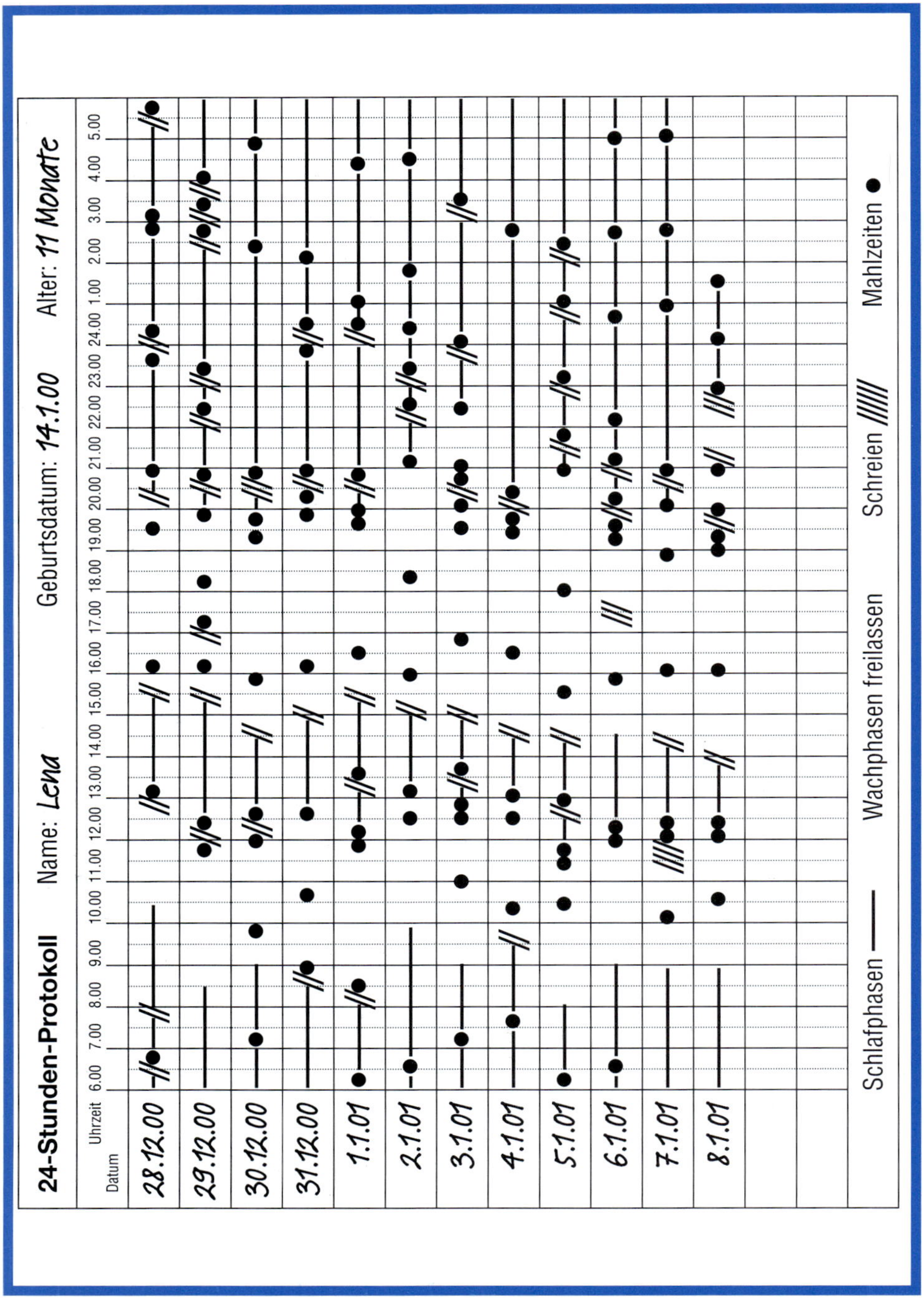

Abbildung 9: **Schlafprotokoll während der Behandlung**

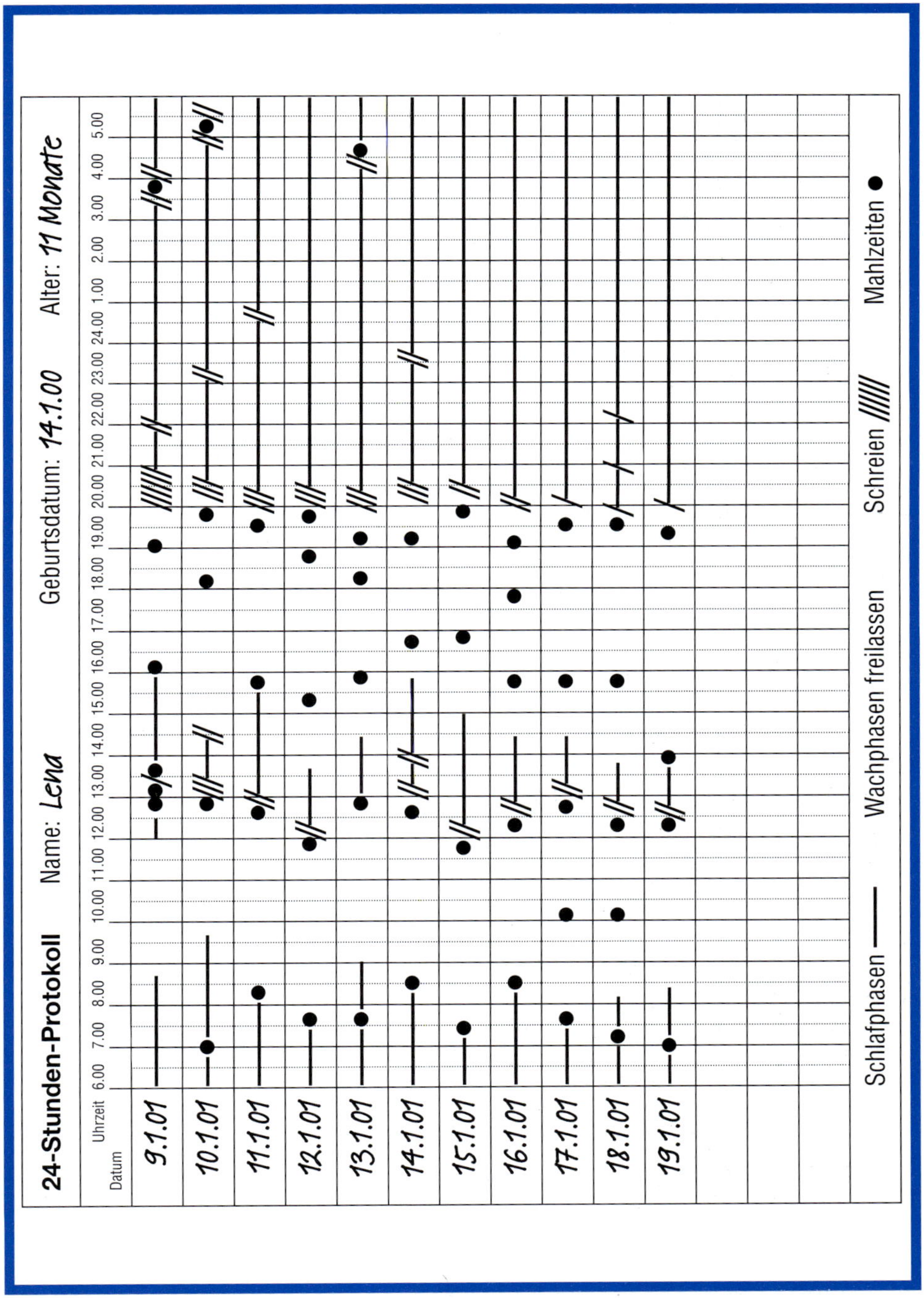

Mein Kind bleibt nicht in seinem Bett

Ob ein Kind bei seinen Eltern im Bett schlafen sollte oder nicht, wurde bereits im 3. Kapitel diskutiert. Wenn Ihr Kind schon allein aus seinem Bettchen herauskommt, kann es zu Ihnen ins Bett kommen und verlangen, dort weiterzuschlafen. Daraus kann eine Einschlaf-Gewohnheit werden. Wenn sich dadurch niemand gestört fühlt, besteht kein Grund zur Veränderung. Wenn Sie aber mit dieser Situation eigentlich nicht mehr glücklich sind oder sogar darunter leiden, bekommt das auch Ihr Kind zu spüren. Sie sollten entscheiden, ob Sie die Verantwortung übernehmen und eine Veränderung in Gang setzen wollen, von der letztendlich alle profitieren.

Zurück ins eigene Bett

Als ***Carolas*** *Mutter zur Beratung kam, war Carola 4 Jahre alt. Bis zum 3. Lebensjahr hatte sie keinerlei Probleme mit dem Schlafen. Sie gehörte zu den „Murmeltieren", schlief eher viel, ging gern in ihr Bett und schlief meistens durch.*

Vor eineinhalb Jahren war sie mit ihrem Vater zusammen 10 Tage im Urlaub. Dort schlief sie bei ihm im Bett. Zu Hause behielt sie diese Angewohnheit bei. Zwar ließ sie sich abends problemlos in ihr eigenes Bett bringen. Nach der ersten Tiefschlafphase – also zwischen 22 und 23 Uhr – wurde sie aber wach und krabbelte ins Ehebett, auf Papas Seite. Er hatte nichts dagegen. Seine Frau fühlte sich jedoch dadurch stark belastet. Die Enge im Bett und die unruhigen Bewegungen ihrer Tochter beeinträchtigten ihren Schlaf. Noch mehr litt sie darunter, daß sie niemals im Schlafzimmer mit ihrem Mann ungestört sein konnte.

Daher versuchte sie seit mehreren Wochen, ihre Tochter nachts in ihr Bett zurückzubringen, ungefähr 6-10mal pro Nacht. Jedesmal kam Carola zurück. Irgendwann gab ihre Mutter auf. Letztendlich eroberte sich Carola immer den Platz neben ihrem Vater. Die Mutter war fru-

striert, daß sie es nicht geschafft hatte. Sie war enttäuscht, daß sie bei ihrem Mann keine Unterstützung fand. Das drückte auf ihr Selbstvertrauen und belastete die Ehe. Obwohl Carolas Mutter nervlich bereits sehr angespannt war, schaffte sie es, nach dem Beratungsgespräch eine Veränderung in Gang zu setzen.

Zuerst redete sie sehr ernst und eindringlich mit ihrem Mann. Sie machte ihm klar, wie sehr durch die gegenwärtige Situation sie selbst und ihre Beziehung zu ihm belastet wurde. Er erklärte sich daraufhin bereit, mit ihr an einem Strang zu ziehen. Er übernahm es, Carola immer wieder in ihr Bett zurückzubringen. Carola war sehr beeindruckt. Sie merkte: Diesmal habe ich keine Chance, meine Eltern gegeneinander auszuspielen.

Trotzdem waren die ersten beiden Nächte aufreibend. 20-30mal (!) wurde Carola ruhig, aber bestimmt von ihrem Vater in ihr Bett zurückgebracht. Aber sie schlief jedesmal letztendlich allein in ihrem Bett ein. Am 3. Tag kam sie noch sechsmal. Nach 14 Tagen hatte sie schon mehrmals ganz durchgeschlafen. Jede zweite Nacht rief sie noch ein- bis zweimal, weil sie ihren Teddy suchte, konnte aber allein wieder einschlafen. Jeden Morgen war sie sehr stolz auf sich, weil sie es geschafft hatte. Sie durfte sich einen Aufkleber aussuchen und ihn auf ein vorbereitetes Blatt heften. Für die ersten fünf Aufkleber bekam sie eine kleine Belohnung. Carolas Mutter erlebte ihre Tochter ausgeruhter und ausgeglichener als vorher. Sie war sehr froh über die neue Situation.

Die Methode „Zurück ins eigene Bett“ ist zwar nicht einfach durchzuführen, führt aber fast immer zum Erfolg. Allerdings müssen die Eltern sicher sein, daß ihr Kind aus Gewohnheit zu ihnen kommt und nicht von Angst oder Panik getrieben wird. Zu diesem Thema finden Sie mehr im 5. Kapitel.

An Carolas Geschichte werden einige **wichtige Voraussetzungen** für eine **erfolgreiche Veränderung von Schlafgewohnheiten** deutlich:

- Beide Eltern müssen ganz sicher sein, daß sie an der Situation etwas ändern wollen. Das Kind sollte spüren, daß beide Eltern an einem Strang ziehen, und daß sie es wirklich ernst meinen.
- Der „Umzug" ins eigene Bett sollte nicht als Bestrafung, sondern als Verbesserung der bisherigen Situation dargestellt werden. Eine mögliche Erklärung könnte lauten: „Papa und ich haben überlegt, daß wir etwas anders machen müssen. Wir haben dich sehr lieb und kuscheln sehr gern mit dir. Aber das Bett ist einfach zu eng für uns drei, und du drehst dich nachts ordentlich hin und her. Ich habe schon seit Wochen schlecht geschlafen und bin immer müde. Manchmal lasse ich meine schlechte Laune dann an dir aus. Deshalb haben wir entschieden: Du wirst von heute an in deinem Bett schlafen. Wenn du nachts kommst, werden wir dich wieder in dein eigenes Bett zurückbringen. Es dauert nicht lange, bis du dich da genau so wohl fühlst, und dann geht es uns allen besser."
- Die meisten Kinder sind stolz, wenn sie es geschafft haben. Sie empfinden es als ein Stück Eigenständigkeit, wenn sie allein in ihrem Bett auch gut zurechtkommen. Sie fühlen sich „groß". Natürlich freuen sie sich zusätzlich über Lob. Auch eine kleine Anerkennung kann hilfreich sein, z.B. ein Aufkleber für jede im eigenen Bett verbrachte Nacht. Eine vereinbarte Anzahl Aufkleber kann dann später – wie bei Carola – in eine kleine Belohnung umgetauscht werden. Seien Sie aber zurückhaltend mit Belohnungen. Sie sollten nur zusätzlich als Unterstützung eingesetzt werden. Das Versprechen einer noch so attraktiven Belohnung allein hat wohl noch kein Kind dazu bewogen, auf Dauer ins eigene Bett umzuziehen.

Dazu noch eine kleine Geschichte: Auch die Mutter des dreieinhalbjährigen ***Tobias*** *wollte ihren Sprößling dazu bringen, in seinem eigenen Bett zu schlafen. Sie versprach ihm: „Wenn Du dreimal hintereinander in deinem Bett bleibst, bekommst Du ein ganz tolles Auto.“ Es klappte. Tobias blieb tatsächlich in seinem Bett. Er bekam das tolle Auto. In der vierten Nacht jedoch krabbelte er zu seiner Mutter ins Bett mit den Worten: „Mami, das Auto habe ich ja gekriegt. Jetzt will ich wieder bei dir schlafen.“*

Grenzen setzen: Die „Auszeit“

Manche Eltern kommen mit der Methode „Zurück ins eigene Bett“ nicht zurecht. Sie sagen: „Unser Kind bleibt überhaupt nicht in seinem Bett. Es steht sofort wieder auf und kommt zu uns. Das würde zum Katz- und-Maus-Spiel ausarten.“ Andere haben einfach nicht die Kraft und die Geduld, ihr Kind immer wieder zurückzubringen.

Auch diese Familien brauchen einen hilfreichen und wirksamen Rat. Wenn alle anderen Versuche fehlgeschlagen sind, die Harmonie in der Familie aber stark gestört ist, empfehlen wir einen genauen Verhaltensplan. Er ähnelt der im **Behandlungsplan** (ab Seite 80) beschriebenen Methode. Eine entscheidende Rolle spielt aber diesmal die Kinderzimmertür. Durch ihr eigenes Verhalten kontrollieren die Kinder, ob die Tür geöffnet bleibt oder für kurze Zeit geschlossen (nicht abgeschlossen!) wird. Fast alle Kinder möchten lieber, daß die Tür offen bleibt. Das können sie ganz einfach dadurch erreichen, daß sie in ihrem Bettchen bleiben. Die wesentlich unangenehmere Folge – die Tür wird für kurze Zeit zugemacht – tritt bei der anderen Möglichkeit ein: wenn das Kind nicht in seinem Bett bleibt, sondern aufsteht und im Zimmer herumläuft.

Die Methode ist nichts anderes als die in der Fachsprache „time out“ genannte „Auszeit“, die Sie als Eltern vielleicht schon selbst mit gutem Erfolg bei Ihren Kindern angewandt haben, z.B. in folgenden Situationen:

Ihr Kind hat einen Trotz-Anfall. Es schreit und schlägt um sich, ist nicht ansprechbar, weil es etwas haben will. Oder es tritt, kratzt oder beißt das kleinere Geschwisterkind. Oder es wirft absichtlich mit Essen herum. Fast alle Eltern sind sich einig, daß sie ein solches Verhalten auch bei einem zwei- bis vierjährigen Kind nicht akzeptieren können. Sie wollen ihm klarmachen: „So geht es nicht. Jetzt hast Du eine Grenze überschritten. Das kann ich nicht zulassen." Erklärungen und Diskussionen bringen in solchen Situationen gar nichts. Wenn die Eltern dann in ihrer verzweifelten, hilflosen Wut die Kinder anschreien oder sogar schlagen, wissen sie meist selbst: Damit können sie vielleicht ihren Ärger abreagieren. Aber für die Beziehung zu ihrem Kind ist es ganz schlecht, und es hilft auch nicht weiter.

Wenn Sie ihr Kind „einfach" ignorieren, kann das auch keine Lösung sein: Sie überlassen damit Ihrem Kind die Entscheidung und die Verantwortung dafür, welches Verhalten akzeptabel ist. Damit würden Sie es nicht nur überfordern, sondern ihm auch die Botschaft übermitteln: „Du bist mir gleichgültig". Der Kampf um Aufmerksamkeit wird dadurch erst recht angefacht. Ihr Kind wird solange mit dem auffälligen Verhalten fortfahren, bis Sie sich ihm wieder zuwenden. Das Kind zieht daraus den Schluß: „Ich muß mich besonders auffällig benehmen, damit ich überhaupt beachtet werde."

- Es bleibt eigentlich nur eine zumutbare Erziehungsmaßnahme: die „Auszeit". Die „Auszeit" bedeutet eine kurzfristige räumliche Trennung zwischen Mutter und Kind. Die Mutter nimmt das Kind, setzt es auf einen Stuhl in der anderen Ecke des Zimmers oder – wenn es noch sehr klein ist – in den Laufstall, z.B. mit den Worten: „So geht das nicht. Du bleibst jetzt erst einmal hier." – Wenn das nicht klappt, wird das Kind in ein anderes Zimmer gebracht. Es kann das Nachbarzimmer sein oder auch das Kinderzimmer. In der Regel wird eine Tür dazwischen zugemacht und notfalls auch zugehalten.
- Entscheidend ist dabei, daß diese Auszeit nur sehr kurz sein darf. Nach ca. einer Minute öffnen Sie die Tür und machen Ihrem Kind ein Friedensangebot: „Ist es jetzt wieder gut?" Nur, wenn es mit seinem

inakzeptablen Verhalten unvermindert oder verstärkt fortfährt, wird die Tür für weitere 1-2 Minuten geschlossen.

- Viele Kinder beruhigen sich sehr schnell. Andere „flippen“ regelrecht aus und trommeln mit Fäusten oder Gegenständen gegen die Tür. Die Wartezeit, bis Sie wieder zu Ihrem Kind hineingehen, können Sie bis auf wenige Minuten steigern. Nie sollte die „Auszeit“ in Minuten länger sein, als das Alter Ihres Kindes in Jahren:
  2 Jahre = höchstens 2 Minuten, 4 Jahre = höchstens 4 Minuten.
- Sie wollen es ja nicht bestrafen, sondern ihm durch die räumliche Trennung eine Grenze setzen. Dieser Zustand ist für Ihr Kind zwar nicht angenehm, kann ihm aber keinen psychischen Schaden zufügen. Sobald Ihr Kind Ansätze zeigt, sich aus eigener Kraft zu beruhigen, können Sie es loben und unterstützen. Ihr Kind hat die Wahl: Durch sein eigenes Verhalten kann es sehr schnell wieder einen positiven Kontakt zu Ihnen herstellen. Durch inakzeptables Verhalten bewirkt es jedoch nur eine Verlängerung der unangenehmen räumlichen Trennung.

Wir haben die Methode der „Auszeit“ deshalb so ausführlich erläutert, weil auch beim Zubettgehen zwischen Eltern und Kindern oft Machtkämpfe ausgetragen werden. Mehr zu den Themen „Auszeit“ und „Grenzen Setzen“ finden Sie in dem Buch *Jedes Kind kann Regeln lernen* [12]. Auch das Verhalten des Kindes am Abend oder in der Nacht kann inakzeptabel oder provokativ sein. Das Kind zögert dann nur deshalb das Abendritual immer weiter hinaus und landet nur deshalb regelmäßig im Elternbett, weil es im Machtkampf Sieger bleibt und die Eltern das „Grenzen Setzen“ resigniert aufgegeben haben. Dann, und nur dann, empfehlen wir den Eltern, nach dem nun folgenden Plan vorzugehen.

Wird Ihr Kind jedoch von Ängsten, Alpträumen oder Schmerzen gequält, würde ein Vorgehen nach dem Plan seine Beschwerden noch verschlimmern. Es braucht dann Ihre volle Unterstützung und vielleicht auch einen Platz in Ihrem Bett. Wenn Sie nicht sicher sind, wo die Ursachen liegen, reden Sie mit Ihrem Kinderarzt oder einem anderen vertrauenswürdigen Experten darüber.

Tür auf – Tür zu

Auch der folgende Plan wurde ursprünglich von Prof. Ferber entwickelt. Wir haben ihn allerdings in einem sehr wichtigen Punkt verändert: In unserem Plan (**Abbildung 10**) bleibt die Tür nie länger als 3 Minuten geschlossen, während Ferber eine „Auszeit" von bis zu 30 Minuten (!) empfiehlt.

Abbildung 10:
Anzahl der Minuten, während der die Zimmertür geschlossen bleibt, falls Ihr Kind nicht in seinem Bett bleibt

	1. Mal Tür zu	**2. Mal Tür zu**	**3. Mal Tür zu**	**4. Mal Tür zu**	**jedes weitere Mal**
1. Tag	1 min	2 min	3 min	3 min	3 min
2. Tag	2 min	3 min	3 min	3 min	3 min
ab 3. Tag	3 min	3 min	3 min	3 min	3 min

Die genaue Vorgehensweise:

- Erklären Sie zunächst Ihrem Kind, daß es von nun an in seinem Bett schlafen wird. Begründen Sie auch kurz, warum Sie es für erforderlich halten (s. S. 102). Vielleicht kann es Ihre Gründe noch nicht einsehen – das wäre wohl auch zuviel verlangt. Ihr Kind darf aber auf keinen Fall das Gefühl haben, bestraft oder zurückgewiesen zu werden. Es sollte sich Ihrer Zuwendung und Unterstützung immer sicher sein. An der Art und Weise, wie Sie mit Ihrem Kind reden, spürt es sehr deutlich: Meinen Sie es wirklich ernst – oder könnte ein Machtkampf erfolgversprechend sein?
- Sie bringen Ihr Kind nach dem üblichen Abendritual ins Bett. Sie kön-

nen die Tür geöffnet lassen mit den Worten „Bleib’ bitte in deinem Bett, dann bleibt die Tür offen.“

- Sollte Ihr Kind sofort aus dem Bett herauskommen, bringen Sie es wieder zurück. Diesmal schließen Sie die Tür. Sie bleiben an der Tür stehen und warten die oben angegebene Zeit ab, bis Sie wieder zu Ihrem Kind hineingehen. Halten Sie die Zeit ein, auch wenn Ihr Kind schon vorher zurück in sein Bett geht. Sie können aber durch die Tür mit dem Kind sprechen und ihm sagen, wann Sie die Tür wieder öffnen werden.
- Wenn Sie bei einer Wartezeit von 3 Minuten angekommen sind, bleiben Sie dabei, bis das Kind endgültig in seinem Bett liegen bleibt.
- Wenn Sie nach dem Zeitplan die Tür öffnen und das Kind in seinem Bett ist, reden Sie kurz mit ihm. Sie können es loben und liebkosen. Wenn Sie den Raum verlassen, bleibt in diesem Fall die Tür offen. Ist Ihr Kind aber nicht in seinem Bett, bringen Sie es dorthin zurück (aber nicht mit Gewalt!), schließen die Tür, bleiben an der Tür stehen und warten die in dem Plan angegebene Zeit ab. Jedesmal erklären Sie: „Bleibst du im Bett, bleibt die Tür offen.“ Wenn sich Ihr Kind leicht ins Bett bringen läßt und Sie sicher sind, daß es auch dort bleibt, können Sie die Tür auch direkt geöffnet lassen. Wenn das aber nicht geklappt hat, machen Sie den gleichen Fehler lieber nicht noch einmal.
- Statt der geschlossenen Tür können Sie auch ein Gitter benutzen, über das das Kind nicht klettern kann. Bleiben Sie dann während der Wartezeit außer Sichtweite.
- Vermeiden Sie in jedem Fall Drohungen und Schimpfen. Das Kind sollte spüren, daß Sie ihm helfen wollen, eine schwierige Zeit durchzustehen. Es braucht Unterstützung, nicht Strafe.
- Bei älteren Kindern, etwa ab 3 Jahren, können Sie die Motivation durch einen Belohnungsplan erhöhen. Beispielsweise können Sie dem Kind für jedes im-Bett-Bleiben eine kleine Belohnung geben. Eine andere Möglichkeit wäre, daß das Kind auf diese Weise Punkte sammeln kann (z.B. gemalte Sternchen oder Aufkleber), die es später gegen eine etwas größere Belohnung eintauschen darf.

- **Zusammenfassung:** Das Kind kontrolliert durch sein Verhalten selbst, was geschieht. Bleibt es im Bett, bleibt die Tür offen. Steht es auf, bleibt die Tür für kurze Zeit zu. Kinder begreifen diesen Zusammenhang sehr schnell. Wenn Sie konsequent bleiben, bleibt Ihr Kind mit großer Wahrscheinlichkeit nach wenigen Tagen in seinem Bett.

Die Geschichte der dreijährigen Lina zeigt Ihnen, wie die beschriebene **Vorgehensweise in der Praxis** aussehen kann:

Linas *Vater mußte sich abends mit in ihr Bett legen und 30-60 Minuten warten, bis sie eingeschlafen war. Nachts kam sie ins Elternbett und verbrachte dort 3-8 Stunden. Sie schlief aber sehr unruhig und war bis zu eineinhalb Stunden wach. Beim Einschlafen spielte sie an Mamis Mund oder an Papis Bart – was beide eher unangenehm fanden. Linas Eltern waren besonders liebevoll und engagiert. Aber allmählich fühlten sie sich ärgerlich und hilflos, weil sie diese Situation einfach nicht in den Griff bekamen. Linas Mutter war sich sicher: Unsere Tochter hat keine Ängste. Sie kann sich unserer Liebe und Fürsorge sicher sein. Aber sie hat beim Abendritual und nachts bisher immer ihren Willen durchgesetzt. Aus ihrer Sicht bestand bisher kein Grund, ihre Gewohnheiten aufzugeben.*

Linas Mutter entschied sich für den Verhaltensplan mit der „Tür-auf-Tür-zu-Methode“. Sie erklärte ihn in aller Ausführlichkeit der Oma. Lina stand dabei und hörte zu. Sie hörte aber auch Omas Kommentar: „Bist du sicher, daß du das deinem Kind zumuten willst?“. Und sie hörte Mutters Antwort: „Ja. So, wie es jetzt ist, kann es nicht weitergehen. Ich muß etwas tun, und eine bessere Lösung als diese weiß ich nicht.“

Vom ersten Tag an akzeptierte Lina ohne jede Auseinandersetzung, daß sie allein in ihrem Bett einschlafen sollte. In der ersten Nacht schlief sie sogar durch. Während der nächsten Nächte wurde sie jeweils einmal zurückgebracht ins eigene Bett. Die Tür mußte nie länger als insgesamt 5 Minuten geschlossen bleiben. Zwei Wochen später kam

Lina noch ab und zu, meist unbemerkt, ins Elternbett. Während der meisten Nächte blieb sie aber im eigenen Bett und war sehr stolz darauf. Die Entschiedenheit ihrer Mama – von der Oma auf die Probe gestellt – hatte sie offensichtlich sehr beeindruckt. Sie hat bewirkt, daß der befürchtete Machtkampf so gut wie gar nicht stattfand.

Eigene Lösungen

Nicht für alle Eltern und Kinder kommt die „Tür-auf-Tür-zu-Methode“ in Frage. Wenden Sie sie niemals gegen Ihre eigene Überzeugung an! Es gibt auch andere Wege, die zum Erfolg führen. Sie erfordern etwas mehr Kraft und Geduld von den Eltern, und Fortschritte werden langsamer sichtbar.

Vielleicht gehören Sie zu den Eltern, die noch über gute Nerven und viel Geduld verfügen. Oder Sie vermuten, bei Ihrem Kind könnten doch Ängste oder Probleme eine Rolle spielen. Oder Ihr Kind hat eine schwere Krankheit hinter sich gebracht. Gleichzeitig sind Sie sicher: Es wäre für die ganze Familie besser, wenn das Kind nachts in seinem Bett bleibt. Dann können Sie vielleicht eigene, kreative Lösungen finden, wie Sie dieses allmählich erreichen können.

Der sechsjährige ***Christian*** *z.B. war 2 Jahre lang schwer krank gewesen. Zahlreiche Krankenhausaufenthalte wechselten mit Zeiten, in denen er zu Hause war. Er mußte dort fast rund um die Uhr beobachtet werden und brauchte auch nachts Medikamente. Während dieser Zeit gab es nur eine Lösung: Er schlief bei seinen Eltern im Bett. Die Eltern nahmen die durchwachten Nächte gern in Kauf, denn sie wußten: Unser Sohn braucht jetzt unsere Nähe. Wir können ihm auf diese Weise helfen..*

Christian wurde wieder gesund. Er brauchte keine Medikamente mehr und konnte seinem Alter entsprechend eingeschult werden. Die Eltern wollten ihn allmählich wieder an ein normales Leben heranführen. Sie fanden es für seine Entwicklung wichtig, daß er mehr Eigen-

ständigkeit und Selbstvertrauen entwickelte. Dazu gehörte ihrer Meinung nach auch, daß er wieder in seinem eigenen Bett schlafen sollte. Er wollte selbst gern, traute es sich aber nicht so recht zu.

Zusammen mit Christian und seiner Mutter fanden wir die folgende Lösung: Christian wurde abends in sein eigenes Bett gebracht. Nach der ausführlichen Gutenacht-Geschichte blieb die Mutter neben seinem Bett sitzen, bis er eingeschlafen war. Wenn er nachts wach wurde, versuchte er erst einmal, allein wieder einzuschlafen. Klappte es nicht, weckte er seine Mutter. Sie brachte ihn zurück ins Bett, blieb aber wieder wortlos auf dem Stuhl in seinem Zimmer sitzen, bis er eingeschlafen war. Das konnte 2-3mal pro Nacht passieren und bis zu 45 Minuten dauern, denn Christian wußte ja: Wenn ich einschlafe, geht Mami raus. Der Mutter war dieser Zusammenhang klar. Wichtiger war ihr aber, ihrem Sohn zu zeigen: „Ich bleibe hier, solange du mich brauchst." Jeden Tag rückte sie ihren Stuhl ein kleines Stück weiter weg vom Bett. Falls Christian zwischendurch aufgestanden wäre oder angefangen hätte zu quengeln oder zu diskutieren, hätte sie den Raum für kurze Zeit verlassen. Dazu kam es jedoch nicht. Nach einer Woche sagte Christian zum ersten Mal: „Mama, du kannst jetzt gehen."

Es dauerte fast vier Wochen, bis sie es geschafft hatten. Christian schlief nun allein ein und blieb meist in seinem Bett. Wenn er Angst hatte oder von einem Alptraum geweckt worden war, durfte er zu seinen Eltern ins Bett kommen. Es kam recht selten vor.

Christian bekam einige Wochen lang für jede allein im Bett verbrachte Nacht eine kleine Belohnung. Das machte ihm Spaß und erhöhte seine Motivation. Christian war sehr stolz auf sich. Seine Mutter hatte in diesen Wochen noch einmal viel Kraft und Geduld investiert. Sie spürte aber, daß es für ihren Sohn gut war, und sie hielt durch. Der Erfolg stärkte ihr Selbstvertrauen.

Noch ein Beispiel für eine kreative Lösung: Die Mutter des dreijährigen Benjamin setzte eine von mir halb scherzhaft geäußerte Empfehlung mit Erfolg in die Tat um. Die Empfehlung lautete: „Wenn Ihr Kind ohnehin immer im Elternbett schläft, bauen Sie doch das Kinderbett ganz ab und verbannen es in den Keller mit den Worten ‚Dein Bett brauchst Du ja nicht. So hast du mehr Platz zum Spielen.’ Das Kind muß nun in Ihrem Bett schlafen, es hat keine Wahl mehr.“

Jedes Kind findet in der Regel alles besonders interessant, was es gerade nicht hat. Daher ist es nicht ganz unwahrscheinlich, daß es nach einiger Zeit den Wunsch äußert, wieder ein eigenes Bett zu bekommen. Wenn der Wunsch vom Kind selbst kommt, brauchen Sie keinen Druck auszuüben. Benjamins Mutter hat das Problem auf diese elegante Art und Weise in den Griff bekommen. Eine Erfolgsgarantie gibt es für diese Methode allerdings nicht.

Einwände und Bedenken

Wenn wir in Vorträgen oder Einzelgesprächen unsere Behandlungsmethode vorstellen, gibt es in der Regel drei verschiedene Reaktionen.

Die mit Abstand größte Gruppe von Eltern ist froh, konkrete und erfolgversprechende Hinweise zu bekommen. Der beschriebene Zusammenhang zwischen Gewohnheiten und Schlafstörungen leuchtet ihnen ein. Sie sind bereit, sich und ihrem Kind für kurze Zeit ein gewisses Maß an Streß zuzumuten, damit sich auf lange Sicht die Situation für alle erheblich verbessert.

Es gibt eine zweite, zum Glück recht kleine Gruppe von Eltern. Meist sind die Betroffenen die Mütter. Sie sind von monatelangem Schlafentzug, vom extrem häufigen Aufstehen, Fläschchenmachen, Stillen usw., von extrem langen Schreizeiten ihrer Babys sehr erschöpft und gestreßt. Von ihnen hören wir: „Bitte, sagen Sie mir, was ich tun soll – egal was. Schlimmer kann es nicht werden.“ Sie würden in ihrer Verzweiflung fast jeden Rat annehmen. Da sie mit den Nerven schon ziemlich am Ende sind, ist für sie schnell wirksame Hilfe besonders wichtig.

Die dritte Gruppe von Eltern äußert ernstzunehmende Bedenken: „Darf ich bei meinem Kind den 'Willen brechen'? Kann ich sicher sein, daß ich ihm keinen seelischen Schaden zufüge? Kann ich sicher sein, daß die Beziehung zwischen mir und meinem Kind nicht belastet wird? Kann das Urvertrauen zerstört werden, wenn ich mein Kind nicht jedesmal sofort beruhige?"

Diese Ängste und Bedenken sind sehr verständlich. Wir begegnen ihnen mit einer Gegenfrage: **Was passiert, wenn alles so bleibt, wie es ist?** Wenn die Gewohnheiten Ihres Kindes sich nicht verändern? Wenn es bei jedem Weinen sofort seinen Willen bekommt, damit es aufhört zu weinen – und sei es fünfmal jede Nacht? **Was haben die schlaflosen Nächte für einen Einfluß auf Ihre Gefühle dem Kind gegenüber?** Sind Sie sicher, daß die Beziehung zwischen Ihnen und Ihrem Kind nicht belastet wird? Wird Ihre Ehe durch die gegenwärtige Situation belastet? Was würde sich ändern, wenn Sie alle durchschlafen könnten? Würde es nur Ihnen besser gehen – oder auch Ihrem Kind?

Manche Mütter empfinden kaum Streß, obwohl ihr Kind sie viele Monate lang jede Nacht mehrmals weckt. Warum sollten sie an ihrer Situation etwas ändern, wenn sie sich damit gut und ausgeglichen fühlen und sich dem Kind jederzeit freudig zuwenden können? Wenn in diesem Fall die Bedenken der Eltern überwiegen, raten wir von einem Behandlungsprogramm ab.

Oft stellt sich aber heraus, daß bei Müttern und Vätern sehr wohl ein Leidensdruck da ist. Hilflosigkeit und Überforderung der Eltern lösen Gefühle gegenüber dem Kind aus. Manchmal sind es aggressive Gefühle. Es ist schwer, sich solche Gefühle einzugestehen. Manche Eltern machen sich Luft durch „spaßig" gemeinte Äußerungen wie „Ich würde ihn am liebsten zur Adoption freigeben!" oder „Ich könnte sie an die Wand klatschen!". Manche Eltern haben Schuldgefühle und ein schlechtes Gewissen, weil sie ihr Baby oder Kleinkind in ihrer Hilflosigkeit und Überforderung schon einmal kräftig geschüttelt oder sogar geschlagen haben.

Solche Reaktionen sind bedauerlich. Aber sie sind menschlich. Und vor allem – sie sind Realität. Diesen Eltern helfen Ratschläge mit erhobenem Zeigefinger überhaupt nicht weiter, Ratschläge, die mit „Du darfst niemals" beginnen, aber nicht aufzeigen, wie denn die Probleme statt dessen gelöst werden können. Solche „Ratschläge" können Schuldgefühle verursachen und dazu beitragen, daß sich Eltern noch unsicherer fühlen. Seien Sie besonders vorsichtig, wenn solche Ratschläge von „Fachleuten“ ohne eigene persönliche Erfahrung kommen. Es ist zunächst immer die einfachste Lösung, einem Kind sofort seinen Willen zu geben.

Dazu ein Beispiel: Jeder kennt den „klassischen“ Konflikt: Mutter und Kind sind im Supermarkt. Das Kind will Schokolade. Die Mutter findet das nicht angebracht und sagt „nein“. Daraufhin schreit das Kind. Es wirft sich vielleicht sogar auf den Boden. Nun hat die Mutter zwei Möglichkeiten.

Die erste: Sie kauft ihm Schokolade. Dann ist das Kind sofort ruhig. Der Konflikt ist „gelöst“. Aber nur bis zum nächsten Einkauf im Supermarkt, denn das Kind wird beim nächsten Mal wieder schreien. Sein Schreien wurde schließlich mit Schokolade belohnt. Es wäre sozusagen dumm, das Schreien beim nächsten Mal sein zu lassen.

Die andere Möglichkeit: Die Mutter bleibt konsequent bei ihrem „nein“. Die kurzfristige Folge: Das Kind schreit noch lauter. Die Situation ist sehr unangenehm und bedeutet Streß. Einige Anwesende schauen mißbilligend herüber. Auf ihren Gesichtern steht geschrieben: „Aha, ein schreiendes Kind. Also eine unfähige Mutter“. Die Mutter steht es durch – schweißgebadet, aber äußerlich ruhig. Beim nächsten Mal oder spätestens beim übernächsten Mal wird ihr Kind aber nicht mehr schreien. Es hat gelernt: „Schreien bringt nichts. Meine Mami weiß, was sie will. Sie läßt sich auch durch mein Gebrüll nicht von ihrer Linie abbringen. Ich brauche es gar nicht zu versuchen“.

Die Mutter muß kurzfristigen Streß in Kauf nehmen, um langfristig eine Lösung des Problems zu erreichen. Kaum jemand würde dieser Mutter vorwerfen, sie habe „den Willen ihres Kindes gebrochen“. Viele Einschlaf-Gewohnheiten sind wie Schokolade. Auf die Dauer kann es nicht sinnvoll sein, den Kindern zu überlassen, wieviel sie wann davon haben wollen.

Selbstvertrauen und Sicherheit der Eltern sind wichtige Voraussetzungen für ein gutes Gedeihen der Kinder. Die meisten Eltern sind sehr wohl in der Lage, verantwortungsbewußt mit den Bedürfnissen ihres Kindes umzugehen. Sie spüren, wann ihr Kind wirklich etwas braucht – und wann ein Grenzen-Setzen angemessen ist. Ängstliche und kranke Kinder brauchen allerdings besondere Zuwendung. In den beiden folgenden Kapiteln erfahren Sie mehr darüber.

Kapitel 4: Das Wichtigste in Kürze

- **Ungünstige Einschlaf-Gewohnheiten können Schlafprobleme verursachen**
  Viele Kinder schlafen regelmäßig mit Schnuller, auf dem Arm, mit den Eltern im Bett, an der Brust oder mit dem Fläschchen ein. All diese Einschlaf-Gewohnheiten können zu Schlafproblemen führen. Denn sie verhindern, daß das Kind lernen kann, allein einzuschlafen.

- **Allein einschlafen lernen nach Plan**
  Nach unserem Plan lernt Ihr Kind mit Ihrer Hilfe, allein einzuschlafen. Sie legen Ihr Kind wach und allein in sein Bettchen. Falls es schreit, gehen Sie nach einem festen Zeitplan immer wieder zu ihm, damit es keine Angst bekommt. Sie geben ihm aber nicht genau, was es will. Sein Schreien zahlt sich nicht aus. Deshalb hört es rasch damit auf. Das Allein-Einschlafen ist zur Einschlaf-Gewohnheit geworden. Und vor allem: Es klappt auch nachts. Ihr Baby braucht Sie nicht mehr zu wecken.

- **Tür auf - Tür zu: Ihr Kind lernt durch sein eigenes Verhalten**
  Wenn Ihr Kind vor dem Einschlafen nicht in seinem Bett bleibt, sondern aufsteht und sein Zimmer verläßt, wenden Sie die „Tür auf-Tür zu“-Methode an. Das Kind kontrolliert durch sein Verhalten, was geschieht. Bleibt es in seinem Bett, bleibt die Tür offen. Steht es auf, wird die Tür für kurze Zeit geschlossen.

5

Schlafstörungen, die nichts mit Einschlaf-Gewohnheiten zu tun haben

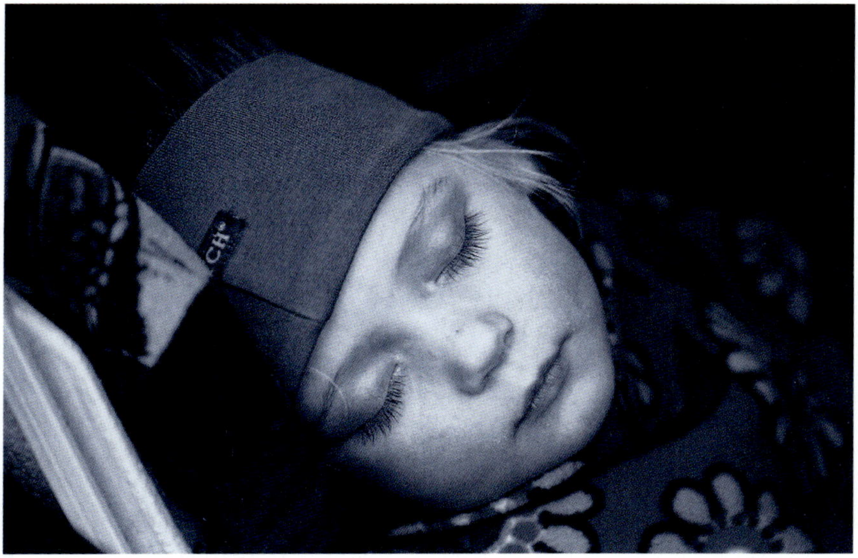

Dieses Kapitel erläutert...

- wie Sie Schlafwandeln und Nachtschreck bei Ihrem Kind erkennen – und wie Sie damit umgehen können
- wie Sie mit nächtlichen Ängsten und Alpträumen Ihres Kindes umgehen können
- wie Sie Alpträume und Nachtschreck voneinander unterscheiden können

In den meisten Fällen hängen die kindlichen Schlafstörungen mit Einschlaf-Gewohnheiten zusammen. Ursachen und Behandlungsmöglichkeiten haben wir eingehend in den vorhergehenden Kapiteln besprochen. Viel seltener sind Schlafstörungen mit anderen Ursachen. Sie erfordern entsprechend andere Reaktionen der Eltern.

Schlafwandeln und Nachtschreck: Unvollständiges Erwachen aus dem Tiefschlaf

Im 2. Kapitel (Abbildung 4, S. 30) können Sie nachschlagen, wie der Schlaf eines mindestens 6 Monate alten Kindes in etwa abläuft. Wir haben dort bereits kurz erläutert: Innerhalb der ersten drei Stunden nach dem Einschlafen kommt es bei allen Kindern 1-2mal zu unvollständigem Erwachen aus dem Tiefschlaf. In der Abbildung (in unserem Beispiel um 21.30 Uhr und 22.30 Uhr) ist dieser Zustand durch Pfeile gekennzeichnet. Bei den meisten Kindern verläuft dies völlig unauffällig. Sie drehen sich vielleicht auf die andere Seite, öffnen kurz die Augen oder murmeln etwas Unverständliches, schlafen aber danach sofort weiter. Das Zurückfallen in den Tiefschlaf gelingt ihnen ohne Probleme.

Zeichnet man mit Hilfe eines EEG die Hirnströme auf, kann man genau beobachten: Beim Auftauchen aus dem Tiefschlaf tritt plötzlich eine Veränderung ein. Wachzustand, Traumschlaf und Tiefschlaf – alle Schlafmuster sind für kurze Zeit miteinander vermischt. Danach wird dieser Mischzustand zwischen Schlafen und Wachen wieder vom Tiefschlaf abgelöst.

Bei ungefähr 10% der Kinder unter 6 Jahren klappt dieser Wechsel nicht ganz reibungslos. Statt schnell in den Tiefschlaf zurückzufallen, bleiben sie manchmal längere Zeit in dem Zustand, gleichzeitig wach zu sein und zu schlafen. Verständlicherweise verhalten sie sich in diesem Mischzustand recht merkwürdig. Eine ganze Stufenleiter von auffälligem Verhalten – vom Sprechen im Schlaf bis zum sogenannten Nachtschreck – ist denkbar. Sprechen im Schlaf passiert nicht im Traum, sondern beim unvollständigen Erwachen aus dem Tiefschlaf. Es wird noch am ehesten als harmlos empfunden. Schlafwandeln und

Nachtschreck können die Eltern jedoch stark beunruhigen. Je häufiger und je extremer das auffällige Verhalten auftritt, desto mehr Sorgen machen sich die Eltern um ihr Kind.

Alle auf den folgenden Seiten beschriebenen Verhaltensweisen haben etwas gemeinsam: Bei Kindern unter 6 Jahren gibt es in der Regel keine psychischen Ursachen dafür. Die Kinder haben meistens weder Ängste noch andere tiefgreifende Probleme. Vielmehr ist der Reifungsprozeß des Gehirns noch nicht ganz abgeschlossen. Deshalb klappt der Ablauf „Tiefschlaf – unvollständiges Erwachen – Tiefschlaf" nicht völlig reibungslos. Wenn der Reifungsprozeß bei ihnen erst später abgeschlossen ist als bei den meisten anderen Kindern, hat dies vor allem mit vererbten Anlagen zu tun. Falls Ihr Kind von Schlafwandeln oder Nachtschreck betroffen ist, werden Sie sehr wahrscheinlich in der Familie Verwandte finden, die als Kind ähnliche Probleme hatten.

Schlafwandeln

Beim „ruhigen Schlafwandeln" steht das Kind auf und „geistert" im Zimmer oder in der Wohnung herum. Ein Beispiel dafür ist der völlig schlaftrunkene, unbewußte Gang zur Toilette.

> ***Christoph,*** *unser damals 6jähriger Sohn, verwechselte einmal nachts die Türen von Bad und Schlafzimmer. Im Schlafzimmer lag auf einem Hocker sein Cassettenrecorder. Im Schlaf machte Christoph den Deckel des Recorders auf, entleerte seine Blase in diese Öffnung, klappte den Deckel wieder zu und ging zurück ins Bett. Am nächstem Morgen konnte er sich an nichts erinnern und stritt alles ab.*

Übrigens: Auch das Bettnässen, soweit es innerhalb der ersten 1-3 Stunden nach dem Einschlafen passiert, hängt eng mit dem unvollständigen Erwachen aus dem Tiefschlaf zusammen.

Ein anderes Beispiel: Eines Morgens war **Christoph** *nicht in seinem Bett. Wir bekamen einen großen Schreck, zumal ausgerechnet in dieser Nacht die Haustür nicht abgeschlossen war. Zum Glück fanden wir ihn im Dachzimmer vor dem Sofa kniend – und fest schlafend.*

Es ist möglich, daß Kinder beim ruhigen Schlafwandeln Türen und Fenster öffnen oder sogar über den Balkon klettern. Der Ausdruck „schlafwandlerische Sicherheit“ führt leider in die Irre. Diese Kinder sind in Gefahr. Sie führen zwar scheinbar sinnvolle und zielgerichtete Bewegungen aus. Aber sie wissen nicht, was sie tun. Denn gleichzeitig schlafen sie.

- Wenn Ihr Kind schlafwandelt, sollten Sie vor allem eines tun: Fenster und Türen so sichern, daß es sich nicht in Gefahr begeben und verletzen kann. Manche schlafwandelnden Kinder sind ansprechbar und lassen sich ohne Widerstand zurück ins Bett bringen.

Nachtschreck

Mit dem Schlafwandeln eng verwandt, jedoch wesentlich besorgniserregender ist der Nachtschreck, in der Fachsprache „Pavor nocturnus“ genannt: Das Kind fängt 1-4 Stunden nach dem Einschlafen plötzlich an, gellend und durchdringend zu schreien. Im schlimmsten Fall schlägt oder tritt es zusätzlich um sich. Meist läßt es sich kaum anfassen, erst recht nicht beruhigen. Sein Blick geht ins Leere, es scheint Sie nicht zu erkennen. Vielleicht steht es auf und läuft herum, als ob es vor etwas wegrennen wollte. Vielleicht schwitzt das Kind, und sein Herz schlägt heftig.

So eine Attacke kann sehr kurz sein, aber auch bis zu 20 oder sogar 30 Minuten dauern. So plötzlich, wie sie begonnen hat, ist sie auch wieder vorbei. Auf einmal entspannt sich das Kind, läßt sich ins Bett bringen und schläft friedlich weiter. Wie beim ruhigen Schlafwandeln kann es sich am nächsten Tag an nichts erinnern.

Auch bei Kleinkindern kann es zu Nachtschreck-Attacken kommen.

Marc *z.B. war 15 Monate alt. Seine Eltern waren mit seiner Entwicklung sehr zufrieden. Er schlief abends um 20 Uhr nach dem Gutenachtlied in seinem Bett ein und wachte erst um 7.30 Uhr wieder auf. Die Eltern waren sehr glücklich über ihr ausgeglichenes Kind. Etwas beunruhigte sie aber doch: Zwei- bis dreimal in der Woche gegen 22 Uhr, kurz bevor sie selbst ins Bett gehen wollten, wurden sie erschreckt durch gellende Schreie aus dem Kinderzimmer. Sie eilten sofort zu ihrem Söhnchen und fanden es dort im Gitterbett stehend. Marc schrie jedesmal so durchdringend, daß sie ihn sofort hochnahmen, um ihn zu beruhigen. Er schrie jedoch weiter. Er schmiegte sich nicht an, sondern wehrte sich. Abwesend schaute er an ihnen vorbei, ohne sie richtig wahrzunehmen. Schließlich versuchten sie ihn durch Rütteln und Rufen zu wecken. Was sie auch taten, es dauerte 10-15 Minuten, manchmal auch länger, bis Marc sich beruhigte. Wurde er dann wach, schaute er sie verwirrt und verstört an und brauchte einige Zeit, bis er wieder einschlafen konnte.*

Die Eltern versuchten sich Marcs „Ängste“ zu erklären. Es wurde nach aufregenden Ereignissen gesucht oder anderen Erlebnissen, die als Ursache für die nächtlichen Schrei-Attacken in Frage kamen.

Wir klärten Marcs Eltern auf, daß Marcs Schrei-Attacken weniger mit besonderen Ereignissen oder Problemen zu tun hatten. Marc gehörte zu den Kindern, die manchmal etwas länger im Zwischenstadium zwischen Schlafen und Wachsein bleiben, bevor sie wieder in den Tiefschlaf fallen. Marc verhielt sich merkwürdig. Er empfand jedoch keine echte Angst. Er brauchte auch keinen Trost. Hätte er Angst gehabt, wäre sie nicht jedesmal von einem Augenblick zum nächsten von selbst verschwunden. Hätte er Trost gebraucht, hätte er sich an seine Eltern gekuschelt, statt sich zu wehren.

Wir konnten Marcs Eltern versichern: Trotz des gellenden Schreiens war Marc weder in Angst, noch in Panik. Er war einfach nicht wach. Das Beste, was sie für ihren Sohn tun konnten – und nach der Beratung auch taten – war, Marc zu beobachten und abzuwarten. Wurde der erste vorsichtige Beruhigungsversuch abgewiesen, zogen sich die Eltern zur Kinderzimmertür zurück und schauten durch den Türspalt. Zu ihrem Erstaunen beruhigte sich Marc ohne ihre „Hilfe" wesentlich schneller. Sie weckten ihn nicht mehr, sondern betteten ihn in eine bequeme Lage und deckten ihn zu, sobald er von selbst ruhiger wurde.

So wurden Marcs Schrei-Attacken kürzer und im Laufe der Zeit auch seltener. Im Alter von drei Jahren traten sie nur noch gelegentlich auf. Die Eltern konnten nun wesentlich gelassener reagieren, weil sie wußten: Unser Sohn hat nichts Schlimmes. Mit der Zeit wird das ungewöhnliche Verhalten von selbst verschwinden.

Ein zweites Beispiel: ***Oliver*** *war drei Jahre alt. Er machte sich fast jede zweite Nacht gegen 22 Uhr durch plötzliches lautes Schreien bemerkbar. Manchmal lief er auch durchs Zimmer und murmelte etwas Unverständliches. Die Eltern konnten nur Bruchstücke verstehen, wie „Sie kommen!" oder „Da ist er!". Besonders beunruhigt waren sie, weil er sie nicht erkannte und ihnen „wie besessen" erschien. Auch sie versuchten ihn zu wecken. Es war sehr schwierig. Am nächsten Morgen fragten sie ihn, wovor er denn nachts Angst gehabt habe. Aber Oliver konnte sich an nichts erinnern. Er schaute sie nur verständnislos an.*

Seine Eltern bekamen den Rat, ihn niemals am nächsten Morgen auf sein nächtliches Schreien anzusprechen. Durch häufige besorgte Fragen der Eltern können Kinder ängstlich werden. Sie bekommen das Gefühl „Irgend etwas stimmt nicht mit mir." Sie wissen gar nicht, wovon die Eltern reden, da sie sich an nichts erinnern können. Dieses unsichere Gefühl kann einem Kind sicherlich eher schaden und ihm nicht helfen, besser zu schlafen.

Olivers Eltern bekamen einen zweiten Rat. Da seine Schlafzeit insgesamt nur 10 Stunden betrug, sollten sie ihn mittags wieder regelmäßig ins Bett legen. Er sollte sich wieder einen Mittagsschlaf angewöhnen.

Genügend Schlaf und ein regelmäßiger Rhythmus mit festen Zeiten ist für Kinder wie Marc und Oliver besonders wichtig. Übermüdete Kinder scheinen besonders tief zu schlafen. Der Wechsel zum halbwachen Zustand und wieder zurück zum Tiefschlaf ist dadurch besonders schwierig. Es wird wahrscheinlicher, daß der Übergang nicht klappt. Das Schlafwandeln oder der Nachtschreck (Pavor nocturnus) kann dann als Reaktion auf das „Steckenbleiben" im halbwachen Zustand auftreten. Das trifft allerdings nur für Kinder zu, die entsprechend veranlagt sind.

Die **wichtigsten Informationen** über die als „Nachtschreck" oder „Pavor nocturnus" bezeichnete Störung fassen wir nun noch einmal zusammen:

- Wenn Ihr Kind jünger als 6 Jahre ist und häufig Nachtschreck-Attacken hat, brauchen Sie sich keine Sorgen zu machen. Sehr wahrscheinlich hat Ihr Kind weder ernsthafte Probleme noch eine seelische Störung. Die Ursache liegt vielmehr in der noch nicht abgeschlossenen Reifung des Schlafablaufs. Allerdings sollten Sie dann fachliche Hilfe in Anspruch nehmen, wenn Ihnen Ihr Kind zusätzlich tagsüber sehr ängstlich und angespannt erscheint. Auch wenn Ihr Kind bereits 7 Jahre und älter ist und die Nachtschreck-Attacken immer noch häufig vorkommen, sollten Sie eine professionelle Beratung in Betracht ziehen.
- Kindern unter 6 Jahren hilft man am besten, indem man nichts tut. Wenn Ihr Kind sich nicht beruhigen lassen will, ziehen Sie sich zurück und warten ab. Zur Sicherheit können Sie es während der Schrei-Attacken beobachten.
- Wecken Sie Ihr Kind nicht. Fragen Sie es am nächsten Tag nicht aus.

- Sorgen Sie für einen sehr regelmäßigen Schlaf-Rhythmus mit genügend Schlaf. Unter Umständen ist das Wiedereinführen eines Mittagsschlafes sinnvoll.
- Nachtschreck kann, ebenso wie Schlafwandeln, nicht „wegbehandelt“ werden. Vielleicht führen die hier genannten Tips zu einer Verbesserung. Zu einem gewissen Teil müssen Sie den Nachtschreck Ihres Kindes aber annehmen und damit leben – mit der Zuversicht, daß sich das Problem mit der Zeit von selbst löst.
- In der Regel treten Nachtschreck-Attacken im ersten Drittel der Nacht, also eine bis höchstens vier Stunden nach dem Einschlafen auf. Mit Alpträumen hat das nichts zu tun. Wie man Nachtschreck von Alpträumen unterscheiden kann, erfahren Sie am Ende dieses Kapitels.

Nächtliche Ängste und Alpträume

Alle Kinder haben von Zeit zu Zeit abends oder nachts in ihrem Bett Angst. Alle Kinder haben manchmal Alpträume. Ängste und Alpträume haben ihre Ursache in den Erlebnissen und Ereignissen, die tagsüber auf die Kinder einwirken – und manchmal auf sie einstürzen.

Angst vor dem Schlafengehen

Ihr Kind kann tagsüber fröhlich und ausgeglichen wirken – und sich abends trotzdem manchmal hilflos und ängstlich fühlen. Es ist dunkel und still. Das Kind liegt allein in seinem Bett. Es gibt keine Ablenkung durch Spielsachen oder Spielkameraden. Es ist mit seinen Gefühlen und Phantasien allein und hat viele Dinge zu bewältigen: Neue Eindrücke, Konflikte mit Geschwistern, kurzfristige Trennung von der Mutter und vieles mehr. Schon der Ablauf ganz normaler Alltagssituationen kann ein Kleinkind oder Vorschulkind von Zeit zu Zeit überfordern. Erst recht gilt das, wenn einschneidende Veränderungen eintreten: ein Umzug, die Geburt eines Geschwisterchens, der Eintritt in den Kindergarten, Krankheit oder Streit in der Familie. Tagsüber mag Ihr Kind scheinbar noch so gut damit fertig werden. Allein im Bett wird Ihre „große" 6jährige Tochter aber vielleicht wieder ganz „klein", kuschelig und anlehnungsbedürftig, als sei sie plötzlich 2 oder 3 Jahre jünger. Vielleicht erfindet sie Ausreden und Ablenkungsmanöver, um die Bettzeit hinauszuzögern. Vielleicht will sie Sie nicht gehen lassen.

Die Erlebnisse, die in einem Kind das Gefühl von Angst und Unsicherheit entstehen lassen, sind vielfältig. Die Kinder können die eigenen Gefühle häufig nicht einordnen. Selten können sie genau sagen, was sie wirklich beunruhigt. Vielleicht haben sie statt dessen Angst vor „Monstern" oder Gespenstern. Die „Monster" treten sozusagen stellvertretend für Erlebnisse auf, die für die Kinder tagsüber bedrohlich und nicht zu bewältigen waren. „Monster" und Gespenster können natürlich auch erscheinen als Folge eines ausgiebigen Fernsehnachmittags. Nicht alle Kinder können die oft scheußlichen Comic-Figuren der zahlreichen Fernsehprogramme so ohne weiteres verkraften – obwohl sie die Fernbedienung vielleicht schon souverän beherrschen.

Wie können Sie als Eltern mit den sehr verständlichen Ängsten der Kinder umgehen? Im Einzelfall braucht jedes Kind eine ganz auf seine Bedürfnisse zugeschnittene Reaktion. Trotzdem wagen wir einige **allgemeine Ratschläge:**

- Ab dem 2. Lebensjahr bekommen viele Kinder Angst vor der Dunkelheit. Eine völlig finstere Umgebung beflügelt die Phantasie und erschwert es den Kindern, die vertraute Umgebung auch beim nächtlichen Aufwachen sofort wiederzuerkennen. Bringen Sie ein Nachtlicht an, oder lassen Sie einen Lichtschein ins Zimmer, so daß sich das Kind jederzeit orientieren und Umrisse erkennen kann.
- Haben Sie Verständnis für Ihr Kind, wenn es sich abends nicht ganz so ruhig und souverän verhält wie tagsüber. Sätze wie „Stell dich nicht so an“ oder „Du bist doch kein Baby mehr“ helfen Ihrem Kind nicht weiter.
- Andererseits ist es meist nicht sinnvoll, ausgerechnet abends oder in der Nacht Probleme des Kindes ausführlich zu diskutieren. Wenn Ihr Kind Ihnen ängstlich erscheint und Themen wie Gespenster, Räuber oder gefährliche Tiere anschneidet, können Sie vielleicht das Abendritual etwas ausdehnen. Aber verbringen Sie Ihre Zeit nicht mit ausführlichen Erklärungen, warum und seit wann es keine Gespenster, Hexen und so weiter gibt. Fangen Sie auch nicht an, Möbel zu verrücken, um Ihrem Kind zu beweisen: Es gibt keine Hexen oder Monster.
- Viel wirksamer ist es, Ihrem Kind immer wieder ganz allgemein zu versichern: „Mama und Papa sind da. Wir haben dich sehr lieb und passen gut auf dich auf. Wir beschützen dich. Du kannst dich auf uns verlassen.“ Dabei können Sie es fest in Ihre Arme nehmen. Ihre Selbstsicherheit wird Ihr Kind viel besser beruhigen als lange Diskussionen über seine Ängste. Die Ängstlichkeit Ihres Kindes ist oft ein Signal mit der Bedeutung „Mami, bitte beschütze mich!“ Es fühlt sich dann klein und

hilflos und sehnt sich nach Geborgenheit. Das Gefühl der Geborgenheit können Sie ihm am besten vermitteln, wenn Sie sich ruhig und selbstsicher verhalten.

- Wenn Ihr Kind nur ab und zu ängstlich ist und besondere Zuwendung braucht, können Sie ausnahmsweise das Abendritual ruhig einmal ändern. Sie können sich zu Ihrem Kind ins Bett legen oder es zu sich holen. Das kann vor allem dann angebracht sein, wenn z.B. draußen ein Gewitter tobt, Ihr Kind gerade ein belastendes Erlebnis verkraften muß oder eine schwere Erkrankung durchmacht.

Es kann allerdings passieren, daß sich aus den Ausnahmen neue Einschlaf-Gewohnheiten entwickeln. „Ängste" werden dann von dem Kind als Instrument eingesetzt, um das Abendritual zu bestimmen und zu verlängern. Das Kind sieht den Zusammenhang „Wenn ich von Monstern und Gespenstern erzähle, bleibt Mami bis zum Einschlafen in meinem Bett." Es ist manchmal schwierig zu unterscheiden, ob das Kind wirklich noch Angst hat oder aus taktischen Gründen an seiner „Angst vor Monstern" festhält. Die Körpersprache Ihres Kindes gibt Ihnen wichtige **Hinweise** für die Unterscheidung.

- Achten Sie zusätzlich darauf, ob Ihr Kind tagsüber auch an seinem abendlichen oder nächtlichen Angst-Thema interessiert ist. Ist das der Fall, hat es wahrscheinlich wirklich ein Problem. Versuchen Sie tagsüber, ihm auf die Spur zu kommen.
- Grundsätzlich sollte das Abendritual – von Ausnahmen abgesehen – in den gewohnten Bahnen ablaufen. Sie helfen Ihrem Kind am besten, wenn Sie ihm zuhören, seine Sorgen und Ängste annehmen und es Ihrer Liebe und Fürsorge versichern – und fest bleiben.

Bisher war von „normaler" Ängstlichkeit die Rede. Sie kann Kinder tatsächlich beunruhigen oder sogar zum Weinen bringen, aber von panikartiger Angst ist sie weit entfernt.

Ein Kind, das panische Angst hat, klammert sich an seiner Mutter fest, steigert sich in hysterisches Schreien und ist bereit, alles zu tun, damit es nicht allein bleiben muß. Bei einem solchen Kind würde „Festbleiben“ alles nur verschlimmern. Ein hochgradig ängstliches Kind braucht die dauernde – unter Umständen auch körperliche – Zuwendung der Eltern. Ein solches Kind hat ernsthafte Probleme. Es braucht Hilfe und Unterstützung, damit die Ursache geklärt und eine Lösung gefunden werden kann. Wenn Sie als Eltern damit überfordert sind, scheuen Sie sich bitte nicht, fachliche Hilfe in Anspruch zu nehmen.

Alpträume

Ängste, die zu Alpträumen führen, sind mit der Angst vor dem Schlafengehen sehr verwandt. Auch bei Alpträumen liegen die Ursachen in den Konflikten und Erlebnissen am Tage. Besonders häufig scheinen sie bei Kindern zwischen 3 und 6 Jahren vorzukommen. Die Kinder fangen an, über ihre eigenen Gefühle – z.B. Wut, Angst, Schuldgefühle – nachzudenken, ohne sie „mit Vernunft“ verarbeiten zu können.

Im Traum werden auf manchmal bizarre Art und Weise all diese Empfindungen aufgenommen. Böse Träume sind für kleine Kinder besonders bedrohlich. Sie können den Unterschied zur Wirklichkeit nicht so leicht nachvollziehen. Wenn sie nach einem Alptraum aufgewacht sind, fühlen sie sich immer noch von dem „Bösen“ aus ihrem Traumerlebnis bedroht. Sie bleiben ängstlich und brauchen Trost.

- Kleine Kinder unter drei Jahren kann man am besten trösten, indem man sie fest in den Arm nimmt und ihnen versichert: „Ich bin da. Es ist alles in Ordnung. Es ist alles gut.“ Bei älteren Kindern ist es sinnvoll, sie zusätzlich auf den Traum hinzuweisen oder danach zu fragen. Drängen Sie Ihr Kind niemals dazu, einen Traum zu erzählen, wenn es das nicht von sich aus möchte.

- Ein Nachtlicht kann Ihrem Kind helfen, sich nach einem Traum in seiner Umgebung zu orientieren. Es kann für ein Kind hilfreich sein, nach einem Alptraum im Elternbett Schutz zu suchen, bis es sich beruhigt hat.
- Von Zeit zu Zeit hat jedes Kind Alpträume. Kommen sie jedoch über eine längeren Zeitraum täglich oder fast täglich vor, hat Ihr Kind wahrscheinlich ein Problem. Statt nachts über die Alpträume zu diskutieren, sollten Sie lieber tagsüber nach Ursachen suchen und – wie bei besonders hartnäckigen und intensiven Ängsten – professionelle Hilfe erwägen.

Auch der fast 4 Jahre alte ***Ralf*** *wurde schon seit gut 2 Wochen täglich von einem Alptraum gequält. Beim ersten Mal war Ralf gegen 2 Uhr nachts wach geworden. Er schrie wie in Panik, zeigte auf den Kleiderschrank und behauptete, einen Fisch zu sehen. Um keinen Preis wollte er in seinem Zimmer bleiben. Er klammerte sich mit angezogenen Beinen an seine Mutter, wollte ins Wohnzimmer und weinte immer wieder angsterfüllt. In dieser Nacht schlief er nicht mehr ein.*

In den kommenden 2 Wochen mußte die Mutter sich abends neben ihn legen und bei ihm schlafen. Die helle Deckenleuchte blieb eingeschaltet, und er schlief sehr spät ein. Jede Nacht zwischen 2 und 3 Uhr wurde er wach, weinte, redete von einem Fisch. Er blieb regelmäßig mehrere Stunden wach. Seine Mutter ging mit ihm ins Wohnzimmer. Er wollte trinken und Cassetten hören.

Ralfs Mutter war unsicher, wie sie sich verhalten sollte. In den ersten Nächten war sie überzeugt, daß ihr Sohn wirklich in Panik war. Mittlerweile war sie sich ihrer Sache nicht mehr so sicher. Sie schwankte in ihren Reaktionen zwischen „Hier ist kein Fisch“ und „Sag doch mal, wie der Fisch genau aussieht.” Außerdem schwankte sie zwischen Mitleid und Ärger, da ihr kräftezehrender Einsatz die Situation bisher nicht verbessert hatte.

Ralf war auch tagsüber ein eher ängstliches Kind. Besonders Mücken, Spinnen und andere Insekten konnten bei ihm panikartige Reaktionen auslösen. Deshalb bekam die Mutter zunächst Hinweise, wie sie mit den Ängsten ihres Sohnes besser umgehen konnte.

Es ließ sich nicht klären, warum gerade ein Fisch in Ralfs Träumen eine Hauptrolle spielte. Wir entwickelten zusammen eine „therapeutische Geschichte", in der ein dem kleinen Ralf sehr ähnlicher Junge mit ähnlichen Problemen sich mit einem besonders liebenswerten und farbenfrohen Fisch anfreundete. Das Thema des Alptraums – der Fisch – bekam durch die Geschichte eine andere Bedeutung, die nicht mehr mit Angst vereinbar war. Ralfs Mutter erzählte diese Geschichte ihrem Sohn tagsüber von nun an regelmäßig.

Bei Ralf war schwer auseinanderzuhalten, ob seine langen Wachphasen wirklich noch mit Angst zu tun hatten, oder ob er schon dabei war, mit seiner Mutter ein Spiel zu spielen, bei dem er die Regeln bestimmen wollte. Ob aber echte Ängste im Vordergrund standen oder eher ein Machtkampf - in jedem Fall war es für Ralf das Beste, wenn seine Mutter Selbstsicherheit ausstrahlen und einer klaren Linie folgen würde.

Ralfs Mutter entschied sich, ihren Sohn zunächst noch weiterhin in ihrem Bett schlafen zu lassen. Es wurde ein Nachtlicht angebracht und die Deckenleuchte dafür ausgeschaltet. Wenn Ralf nachts wach wurde, ging seine Mutter auf seine Schilderung von dem Fisch nicht mehr ein, sondern wiederholte stattdessen in einem ruhigen, liebevollen Tonfall immer dieselben Sätze:

- *„Das Licht bleibt aus."*
- *„Ich bin da. Es ist alles in Ordnung. Es ist alles gut."*
- *„Du bleibst schön liegen."*
- *„Ich passe gut auf dich auf. Du schläfst schön weiter."*

Mutter und Sohn verließen das Zimmer nicht mehr. Auch Ablenkungen wie Trinken oder Cassette Hören wurden nicht mehr zugelassen. Morgens wurde Ralf geweckt, damit er nachts versäumten Schlaf nicht mehr am Vormittag nachholen konnte.

Schon am zweiten Abend schlief Ralf recht schnell ein. Auch die Nächte verbesserten sich deutlich: In der ersten Nacht weinte Ralf noch 2 Stunden. Ab der zweiten Nacht wurde er zwar längere Zeit immer noch gegen 2 Uhr wach und berichtete von seinem Fisch-Traum. Er konnte jedoch ohne Panik und Weinen innerhalb von 10-30 Minuten wieder einschlafen.

Wie kann man Alpträume vom Nachtschreck unterscheiden?

Alpträume finden während des REM-Schlafs (s. Abbildung 4, Seite 30) statt. Nicht während des Traumes, sondern erst danach fangen die Kinder an zu weinen. Sie sind dann vollständig wach. In den REM-Schlaf fällt ein Kind zum ersten Mal ca. 3 Stunden nach dem Einschlafen. In der zweiten Nachthälfte werden die REM-Abschnitte häufiger und intensiver. Deshalb kommen Alpträume meist in der zweiten Nachthälfte vor.

Nachtschreck-Attacken passieren 1-4 Stunden nach dem Einschlafen, also im ersten Drittel der Nacht. Aus dem Tiefschlaf heraus kommt es zu einem unvollständigen Erwachen. Der Wechsel zurück zum Tiefschlaf gelingt nicht sofort, sondern das Kind bleibt längere Zeit in dem Zustand zwischen Schlafen und Wachen. In diesem Zustand beginnt es zu schreien und um sich zu schlagen. In der folgenden Tabelle (**Abbildung 11**) sind die von Prof. Ferber übernommenen wichtigsten Unterscheidungsmerkmale zwischen Alptraum und Nachtschreck gegenübergestellt.

Abbildung 11:
Unterschiede zwischen Alptraum und Nachtschreck

	Albtraum	Nachtschreck
Wovon sprechen wir?	Ein böser Traum. Findet im REM-Schlaf statt. Anschließend vollständiges Erwachen.	Unvollständiges Erwachen aus dem Tiefschlaf.
Wann bemerken wir es?	Nicht während des Traums, sondern danach, wenn das Kind wach ist und schreit oder weint.	Während der Nachtschreck-Attacke, wenn das Kind schreit und um sich schlägt. Danach ist es ruhig.
Wann tritt es auf?	In der 2. Nachthälfte, wenn das Kind am intensivsten träumt.	Gewöhnlich 1-4 Stunden nach dem Einschlafen.
Wie verhält sich das Kind?	Es weint meist und hat nach dem Aufwachen noch Angst.	Es sitzt im Bett oder steht auf. Es wirft sich herum oder schlägt um sich. Es spricht, murmelt, schreit oder weint bei gleichzeitiger Angst und Verwirrung, schnellem Puls und Schwitzen. Alle Symptome verschwinden nach dem Aufwachen.
Wie reagiert das Kind auf Sie?	Es nimmt Sie wahr und läßt sich von Ihnen beruhigen. Es sucht Körperkontakt.	Es nimmt Sie nicht wahr und läßt sich nicht beruhigen. Wehrt sich gegen Körperkontakt.
Wie schläft es wieder ein?	Wegen seiner Angst hat es vielleicht Schwierigkeiten, wieder einzuschlafen.	Normalerweise schnell, oft ohne vorher vollständig wach zu werden.
Erinnert sich das Kind am nächsten Morgen?	Wenn es alt genug ist, kann es sich an einen Traum erinnern und ihn unter Umständen erzählen.	Keine Erinnerung – weder an einen Traum noch an das Schreien oder Um-sich-Schlagen.

Kapitel 5: Das Wichtigste in Kürze

- **Manche Kinder verhalten sich im Schlaf auffällig**
  Während der ersten 1-4 Stunden nach dem Einschlafen kommt es bei Ihrem Kind ein- bis zweimal zu unvollständigem Erwachen aus dem Tiefschlaf. Einige Kinder bleiben längere Zeit in diesem Zustand. Das kann sich durch auffälliges Verhalten bemerkbar machen: Sprechen im Schlaf, ruhiges Schlafwandeln und Nachtschreck-Attacken mit lautem Schreien und Um-sich-Schlagen können auftreten.

- **Auffälliges Verhalten im Schlaf ist meist kein Grund zur Besorgnis**
  Bei Kindern unter 6 Jahren sind diese Auffälligkeiten in der Regel kein Hinweis auf eine psychische Störung, sondern ein anlagebedingtes Reifungsproblem. Wecken Sie Ihr Kind nicht, beobachten Sie es nur. Lassen Sie es in Ruhe, wenn es sich gegen Ihre Zuwendung wehrt. Fragen Sie es am nächsten Tag nicht aus. Sorgen Sie für einen regelmäßigen Tagesablauf mit genügend Schlaf. Seien Sie zuversichtlich, daß sich das Problem mit der Zeit von selbst löst.

- **Bei Alpträumen braucht Ihr Kind Ihren Trost**
  Alpträume und nächtliche Ängste kann man gut vom Nachtschreck unterscheiden. Anders als beim Nachtschreck, braucht Ihr Kind nach einem bösen Traum Trost und Ihre Versicherung, daß Sie immer da sind und für seinen Schutz und seine Sicherheit sorgen. Vermeiden Sie, nachts mit dem Kind Ängste und Träume zu diskutieren. Versuchen Sie, tagsüber die Ursachen herauszufinden.

6

Besondere Probleme

In diesem Kapitel erfahren Sie ...

- was Sie wissen sollten, wenn Ihr Kind mit einem der folgenden Probleme zu tun hat:
  - Kopfschlagen und Schaukeln
  - Schlaf-Apnoe
  - Schmerzen
  - Geistige Behinderung
- was wir über den Einsatz von Medikamenten bei der Behandlung von Schlafproblemen denken

Einigen Eltern reichen alle bisherigen Informationen nicht aus. Ihr Kind hat im Zusammenhang mit dem Schlaf ganz spezielle Probleme, auf die bisher noch nicht eingegangen wurde. Im folgenden Kapitel sind die wichtigsten Besonderheiten zusammengefaßt.

Kopfschlagen und Schaukeln

Gelegentlich berichten Eltern von einer Beobachtung, die ihnen ungewöhnlich erscheint.

Der 18 Monate alte **Thomas** *z.B. schlug tagsüber, abends und mehrmals in der Nacht vor dem Einschlafen mit dem Kopf gegen die Gitterstäbe seines Kinderbettchens. Er verletzte sich damit zwar nicht ernsthaft, hatte aber ab und zu Druckstellen am Kopf. Die Eltern versuchten, das Bettchen auszupolstern. Aber er entfernte die Polster und fand immer wieder eine harte Stelle. Die Rollen unter dem Kinderbett waren bereits abgebaut, da Thomas durch das rhythmische Kopfschlagen das Bett manchmal regelrecht quer durchs Kinderzimmer in Bewegung setzte.*

Die Eltern machten sich Sorgen um ihren Sohn. Sie hatten gehört, daß hauptsächlich schwer behinderte und vernachlässigte Kinder mit dem Kopf schlagen. Mußten sie nun davon ausgehen, daß ihr Sohn ernsthaft gestört war?

Andere Eltern machen sich ähnliche Sorgen, wenn ihre Kinder z.B. vor dem Einschlafen auf allen Vieren auf dem Bett hocken und sich vor und zurück bewegen, oder wenn sie im Liegen ihr Köpfchen rhythmisch von einer Seite auf die andere werfen.

Ob die Kinder mit dem Kopf gegen einen harten Gegenstand schlagen, ihn hin und her rollen oder mit dem ganzen Körper schaukeln – die Sorgen der Eltern sind in den meisten Fällen unbegründet. Zumindest bei Säuglingen und

Kleinkindern handelt es sich um normales und durchaus verbreitetes Verhalten. Bei gesunden, in ihrer sonstigen Entwicklung unauffälligen Kindern ist es kein Anzeichen einer Störung.

Viele dieser Kinder haben auch tagsüber eine Vorliebe für rhythmische Bewegungen. Wenn sie Musik hören, beginnen sie im Takt zu schaukeln – entweder mit dem Kopf oder mit dem ganzen Körper. Einige Kinder haben sich das Schaukeln auf allen Vieren, das Rollen mit dem Kopf oder das Kopfschlagen besonders zur Schlafenszeit angewöhnt. Sie tun es vor dem Einschlafen, manchmal auch morgens oder nachts, um nach dem Aufwachen wieder in den Schlaf zu finden. Es handelt sich meist um eine Einschlafgewohnheit, die durchaus z.B. mit dem Daumenlutschen oder dem „Einschaukeln" im Kinderwagen vergleichbar ist.

Das Kopfschlagen (es kommt in ca. 5 % aller Fälle vor) wird von all diesen ähnlichen, in der Fachsprache „Jaktationen" genannten rhythmischen Bewegungen für die betroffenen Eltern am ehesten als Problem oder als „Störung" empfunden. Auch wenn die Kinder sich nicht ernsthaft verletzen, machen die Eltern sich Sorgen. Aus ihrer Sicht müßte das Schlagen mit dem Kopf gegen einen harten Gegenstand doch eigentlich schmerzhaft sein. Offensichtlich ist das für diese Kinder aber nicht der Fall. Der beruhigende Effekt dieser regelmäßigen Bewegung, sozusagen der „Lustgewinn", scheint zu überwiegen, auch wenn das für Erwachsene nur schwer nachzuvollziehen ist.

Kopfschlagen oder Schaukeln als Einschlaf-Gewohnheit entwickelt sich meist innerhalb des ersten Lebensjahres. Es kann nach kurzer Zeit spontan abklingen, aber auch längere Zeit anhalten. Meist verschwindet es 1 bis 1½ Jahre nach dem ersten Auftreten, spätestens also im 3. bis 4. Lebensjahr.

Kopfschlagen kommt bei Jungen wesentlich häufiger vor als bei Mädchen. Es stimmt zwar, daß Kopfschlagen bei Kindern mit einer ernsthaften neurologischen Krankheit oder einer psychischen Störung überdurchschnittlich oft auftritt. Kopfschlagen als einzige Auffälligkeit bei einem sonst gesunden, sich normal entwickelnden Kind ist trotzdem kein Grund zur Sorge. Die betroffenen Eltern helfen ihrem Kind am besten, wenn sie es mit seiner Eigenart annehmen und darauf vertrauen, daß alles in Ordnung ist.

Einige zusätzliche **Tips:**

- Geben Sie Ihrem Kind tagsüber viel Gelegenheit, sich rhythmisch zu bewegen.
- Es ist einen Versuch wert, eine laut tickende Uhr oder ein Metronom neben das Kinderbett zu stellen, um dem Rhythmus-Gefühl Ihres Kindes entgegenzukommen.
- Polstern Sie das Kinderbett sorgfältig aus, oder legen Sie als Schlafplatz eine Matratze mitten ins Zimmer. Je aufwendiger die Suche nach einem festen Gegenstand zum Kopfschlagen ist, desto eher wird ihr Kind damit aufhören.
- Achten Sie darauf, daß Sie das Kopfschlagen Ihres Kindes nicht mit besonderer Aufmerksamkeit und Zuwendung „belohnen". Thomas z.B., von dem zu Beginn des Abschnitts die Rede war, bekam abends und nachts regelmäßig ein Fläschchen, wenn er anfing, mit dem Kopf zu schlagen. Zum Teil war das Kopfschlagen für ihn ein sicheres Mittel, ein Fläschchen zu bekommen. Als seine Mutter ihm nach der im 4. Kapitel besprochenen Methode die nächtlichen Fläschchen abgewöhnt hatte, ließ auch das Kopfschlagen stark nach.

In seltenen Fällen kann Kopfschlagen oder Schaukeln Hinweis auf eine ernsthafte Störung sein. Sprechen Sie mit Ihrem Kinderarzt oder Ihrer Kinderärztin, wenn eine der folgenden Bedingungen auf Ihr Kind zutrifft:

- Das Kopfschlagen oder Schaukeln tritt erstmals auf, wenn Ihr Kind schon älter als 1½ Jahre ist.
- Das Kopfschlagen oder Schaukeln tritt gleichzeitig mit einem belastenden oder ängstigenden Ereignis auf.
- Die rhythmischen Bewegungen lassen auch im 3. oder 4. Lebensjahr noch nicht nach.
- Ihr Kind entwickelt sich nicht altersgerecht.

Schlaf-Apnoe

Julia, *5 Jahre, begann vor einem halben Jahr zu schnarchen. Oft wurden die Eltern nachts in ihrer hellhörigen Wohnung von dem lauten Geräusch geweckt. Vor 6 Wochen bemerkten die Eltern, daß das Schnarchen durch Phasen absoluter Stille unterbrochen wurde. In der folgenden Zeit achteten sie immer mehr darauf und nahmen immer häufiger diese Phasen wahr. Gleichzeitig fiel ihnen auch auf, daß Julia während des Tages müde und unausgeglichen war.*

Dies ist die typische Geschichte eines Kindes mit Schlaf-Apnoen. „Apnoe“ heißt zunächst einfach „nicht atmen“. Der Luftstrom durch Nase und Mund ist für mehr als 10 Sekunden unterbrochen. Dies kann z.B. bei frühgeborenen Kindern durch eine Unreife des Impulsgebers für die Atmung im Hirn ausgelöst werden. Bei Schlaf-Apnoen, von denen wir hier sprechen, hört das Kind immer wieder auf zu atmen, weil der Luftstrom durch die Nase und den Mund auf dem Weg in die Luftröhre unterbrochen wird. Diese Unterbrechung findet vor allem im Bereich des Zungengrundes statt. Wie wir wissen, erschlafft die Muskulatur besonders im Traumschlaf vollständig, so daß die Zunge nach hinten fallen kann und den Luftstrom auf dem Weg in die Luftröhre versperrt.

Für die meisten Kinder bleibt der Luftstrom ausreichend. Bei Julia aber kam hinzu, daß ihre Adenoide (Polypen), und Tonsillen (Mandeln) vergrößert waren und zusammen mit der Zunge zuwenig Luft durchließen. Dies führte dazu, daß sie immer wieder halb wach werden mußte, um die Zunge wieder anspannen zu können. Damit verschaffte sie dem Luftstrom wieder den erforderlichen Platz, um in die Lunge zu gelangen. So kann im Extremfall die ganze Nacht ein Kampf um genügend Luft sein. Auch der Tiefschlaf wird beeinträchtigt. Kein Wunder, daß Julia am Tage müde, unausgeglichen und quengelig war.

Wann sollten Eltern an eine Schlaf-Apnoe denken?

Die wichtigsten **Merkmale** sind:

- Übermäßige Schläfrigkeit am Tage mit einer Vielzahl indirekt und direkt verbundener Auffälligkeiten: unangepaßtes Verhalten, Hyperaktivität, plötzliche Charakterveränderung, bei älteren Kindern Schulprobleme.
- Lautes Schnarchen jede Nacht auch ohne Zeichen eines Luftweginfektes, Einziehen des Brustkorbes beim Einatmen. Ursache: Der Luftstrom in die Lunge ist zu gering und führt zu teilweisem Erwachen mit vorübergehender Besserung der Atmung.

Die Ursachen, die zu Schlaf-Apnoen führen, sind vor allem vergrößerte Mandeln und Polypen, aber auch übermäßiges Gewicht und Fehlbildungen der Kiefern. Das Kind sollte bei Verdacht auf eine Behinderung der Atmung beim Kinder- oder Hals-Nasen-Ohren-Arzt vorgestellt werden. Bei den meisten dieser Kinder hilft eine Entfernung der Polypen und Mandeln.

Schmerzen

Wenn Ihr Kind vor Schmerzen weint, kann es nur schwer in den Schlaf finden. Die gewohnten Einschlaf-Bedingungen helfen ihm nicht. Eltern können das klägliche Weinen und Schreien wegen starker Schmerzen in der Regel recht gut von Wut- oder Protestgeschrei unterscheiden.

Oft denken die Eltern zunächst an Zahnschmerzen. Das Wort „Zahnen" ist umrankt von vielen Ammenmärchen. Soviel ihm auch als Ursache für Fieber, Durchfall, Quengeln und Appetitlosigkeit zugeschrieben wird, so wenig gesicherte Erkenntnisse gibt es.

Was verstehen wir unter „Zahnen"? In der Umgangssprache ist damit das gesamte Wachstum der Zähne gemeint. Sind die Zähne noch nicht sichtbar, „schießen" sie ein. Kommen sie aus dem Zahnfleisch heraus, „brechen die Zähne durch". Da die Zähne gleichmäßig mit unserem gesamten Organismus wachsen, gibt es in Wahrheit kein plötzliches „Einschießen" von Zähnen, die deshalb Beschwerden verursachen könnten. So kann sich das Wort „Zahnen" mit Beschwerden nur auf die Zeit beziehen, in der die Zähne sichtbar werden und aus dem Zahnfleisch herauswachsen.

Wann verursachen sie Schmerzen? Sicher dann, wenn eine Entzündung mit Rötung und Schwellung des Zahnfleisches sichtbar wird. Dies ist nicht häufig der Fall. Nach wenigen Tagen ist die Entzündung in der Regel wieder abgeklungen. So können wir „Zahnen" als Ursache von Schlafstörungen und Krankheiten kaum gelten lassen. Wenn Eltern einen Säugling in die Praxis bringen, weil er vor Schmerzen die ganze Nacht geschrien hat, fügen sie oft die Frage hinzu: „Ob es wohl vom Zahnen kommt?"

Wir schauen in der Regel zuerst in die Ohren. Für uns ist die häufigste Ursache für Schmerzen eine akute Mittelohrentzündung. Gelegentlich gibt es auch chronische Mittelohr-Ergüsse, die vor allem im Liegen Schmerzen hervorrufen. Kommt Fieber hinzu, kann ein Säugling auch Kopf- und Gliederschmerzen haben. Fieberhafte Erkrankungen bei Säuglingen können, wie bei Erwachsenen, Kopf- und Gliederschmerzen hervorrufen.

Wir tasten bei Säuglingen, die ungewöhnlich heftig schreien, immer den Bauch und die Leisten ab, um auszuschließen, daß dort die Quelle des Übels liegt. Es gibt noch eine Vielzahl anderer möglicher Schmerzursachen, aber die Zähne spielen für die Untersuchung selten eine Rolle. Eine sorgfältige Befragung der Eltern und eine Untersuchung klären gewöhnlich die Ursache oder schließen zumindest ernsthafte Erkrankungen aus.

Wenn die Eltern den begründeten Verdacht haben, daß das Kind wegen Schmerzen nicht schlafen kann, aber noch nicht so krank erscheint, dem Kinderarzt vorgestellt zu werden, empfehlen wir, dem Kind ein Fieber-Zäpfchen zu geben, weil dieses gleichzeitig auch die Schmerzen lindert.

Geistig behinderte Kinder

***Daniel** und **Moritz** wurden als Zwillinge in der 36. Schwangerschaftswoche geboren. Beide mußten anschließend wegen schwerer Atemnot auf die Intensivstation und blieben 4 Wochen dort, weil eine Vielzahl von Komplikationen ihr Leben bedrohte. Sehr bald nach ihrer Entlassung wurde deutlich, daß beide in ihrer Entwicklung zurückblieben. Mit 5 Jahren wurde eine massive Entwicklungsverzögerung mit autistischem Verhalten diagnostiziert.*

Von Anfang an klagte die alleinerziehende Mutter immer wieder über den häufig unterbrochenen Schlaf während der Nacht. Zuletzt kam es schlicht zur Katastrophe. Nachdem die beiden zwischen 21 und 22 Uhr in ihren Gitterbettchen eingeschlafen waren, wachte gewöhnlich einer von ihnen um Mitternacht auf, stieg aus dem Bett und klopfte mit einem Spielzeug gegen die Fensterscheiben, bis sein Bruder aufwachte und mitmachte. Erst nach einer Stunde schliefen sie wieder ein. Um 3 Uhr riefen sie nach Tee. Sie wollten dann wieder für eine Weile spielen, bis sie um 5.30 Uhr erneut einschliefen.

Mit ihrem Klopfen gegen die Fensterscheiben hatten sie nicht nur ihre Mutter geweckt, sondern auch eine Reihe von Familien in dem siebenstöckigen Hochhaus. Böse Briefe steckten im Postkasten. Die Mutter konnte ihrer Arbeit nur noch mühsam und müde nachgehen.

Sollten wir auch hier, bei so schwer geistig behinderten und autistischen Kindern, unser Schlafprogramm anwenden?

Eine Alternative bot sich einfach nicht. Trotz anfänglicher Schwierigkeiten gelang es, durch einen genau vorher vereinbarten Plan bei den Kindern einen wesentlich längeren und durchgehenden Schlaf zu erreichen. Sie lernten, nicht mehr nachts zu trinken, mehr von den Tagesschläfchen auf die Nacht zu verlegen und im Bett zu bleiben.

Anfangs hatten wir als Berater schon fast aufgegeben, weil die Kinder alle technischen Maßnahmen unterliefen, nachts im Bett zu bleiben. Die Mutter blieb aber konsequent und überraschte uns nach einigen Wochen mit der Erfolgsmeldung, daß die beiden doch gelernt hatten, durchzuschlafen.

Auch geistig behinderte Kinder sind lernfähig. Sie lernen weniger durch Einsicht als durch feste Bedingungen und Konsequenzen. Wenn die Schlafstörung Teil ihrer Grunderkrankung ist, kann es nicht zu so schnellem und vollständigem Erfolg kommen wie bei gesunden Kindern. Ein großes Maß an Geduld und Einfühlungsvermögen ist immer notwendig. In seltenen Fällen kann auch eine medikamentöse Behandlung erforderlich sein.

Nach unseren Erfahrungen ist es auch bei geistig behinderten Kindern mit schweren Schlafstörungen möglich und sinnvoll, ein genau dem einzelnen Kind angemessenes Verhaltensprogramm für den Abend und die Nacht zu vereinbaren und für eine Weile durchzuhalten.

Medikamente

Haben Schlaf- und Beruhigungsmittel Platz in der Behandlung von Schlafstörungen?

Nach einer Untersuchung des Instituts für Medizinische Statistik [13] bekamen im Jahr 1990 7-10% aller Kinder unter 12 Jahren in der Bundesrepublik mindestens einmal Schlaf- oder Beruhigungsmittel verschrieben. Am gängigsten sind Psychopharmaka wie Atosil und Beruhigungsmittel aus der Valiumfamilie.

Besonders bedenklich stimmt, daß nach einer Veröffentlichung im Deutschen Ärzteblatt (1989) [14] die Verschreibungshäufigkeit bei Säuglingen bis zu einem Jahr besonders hoch ist: 20 von 100 Kindern in dieser Altersgruppe wurden mindestens einmal Psychopharmaka verordnet! Würden diese Medikamente auch tatsächlich eingenommen, müßte man befürchten: Viele Kinder mit Schlafstörungen werden mit Psychopharmaka behandelt.

Allerdings werden nach unseren Erfahrungen – zumindest von Kinderärzten – Schlafmittel nicht leichtfertig für einen längeren Zeitraum verschrieben. Hinzu kommt, daß die Eltern verordnete Medikamente häufig nach wenigen Tagen wieder absetzen.

Bevor wir unser Behandlungsprogramm eingeführt hatten, haben wir in Ausnahmefällen bei besonders verzweifelten Familien auch Schlaf- oder Beruhigungsmittel verordnet. Dadurch schliefen die Kinder zwar etwas schneller ein, aber das nächtliche Herumtragen, Schnullergeben usw. änderte sich nicht. Das Schlüsselproblem, die elternabhängige Einschlaf-Hilfe, blieb schließlich ebenfalls bestehen. Nach Absetzen der Medikamente kehrte regelmäßig das alte Schlafmuster zurück.

Es gibt Untersuchungen (15), die unsere Erfahrungen bestätigen. Eine dauerhafte Hilfe durch Medikamente wurde – genau wie in unserer Praxis – nicht beobachtet. Medikamente wirkten nur dann, wenn gleichzeitig ein Behandlungsprogramm durchgeführt wurde.

Da der Behandlungserfolg mit unserem Verhaltensprogramm außerordentlich groß ist, verzichten wir bei gesunden Kindern mittlerweile vollständig auf Medikamente. Medikamente können – abgesehen von unerwünschten Nebenwirkungen – auch zusätzlich Probleme verursachen: Manche Kinder drehen dann erst richtig auf, statt schläfrig zu werden. Dieser Effekt wird „paradoxe Reaktion“ genannt.

Aus all diesen Gründen lautet unsere Schlußfolgerung:

Medikamente haben in der Behandlung von Schlafstörungen bei gesunden Kindern keinen Platz. Sie sind weder erforderlich noch auf Dauer wirksam und sollten deshalb vor Beginn eines Behandlungsprogramms abgesetzt werden.

Kapitel 6: Das Wichtigste in Kürze

- **Kopfschlagen und Schaukeln**
  Kopfschlagen und Schaukeln sind zwar ein ungewöhnliches, aber zumeist nicht krankhaftes Verhalten. Geduld ist notwendig, um auf ein spontanes Verschwinden dieser Eigenart zu warten.

- **Tages-Müdigkeit und nächtliches Schnarchen**
  Ungewöhnliche Müdigkeit während des Tages und regelmäßiges Schnarchen mit längeren Atempausen während der Nacht können Anzeichen für Schlaf-Apnoen sein. Der Mehrzahl der Kinder hilft eine operative Entfernung der Polypen/Adenoide und Mandeln.

- **Schmerzen**
  Oft verhindern Schmerzen, daß ein Kind nachts durchschlafen kann. Zuerst sollte versucht werden, die Ursache zu finden. Zahnen ist gewöhnlich keine ausreichende Erklärung.

- **Geistig behinderte Kinder**
  Geistig behinderte Kinder haben oft Schlafstörungen. Wenn diese nicht unmittelbar durch die Krankheit selbst verursacht wurden, lohnt sich der Versuch, das beschriebene Schlafprogramm – angepaßt an die Eigenheiten des Kindes – durchzuführen.

- **Medikamente**
  Medikamente haben bei der Behandlung von Schlafstörungen bei gesunden Kindern keinen Platz.

7

Fragen und Antworten

Die häufigsten Fragen betroffener Eltern
zum Thema „Schlafen lernen“
und die Antworten dazu
haben wir in diesem Kapitel zusammengefaßt

Zu klein für den Behandlungsplan?

Frage: *Meine Tochter ist knapp drei Monate alt. Sie will jede Nacht mindestens viermal an die Brust. Kann ich ihr nicht jetzt schon beibringen, durchzuschlafen?*

Antwort: Wahrscheinlich nicht! Mit drei Monaten haben die meisten Kinder noch keinen voll ausgereiften Schlaf-Rhythmus. Sie können Tag und Nacht noch nicht so gut unterscheiden. Die meisten Babys brauchen in dem Alter auch nachts noch eine Mahlzeit. Perfektes Durchschlafen können Sie deshalb noch nicht von Ihrer Tochter erwarten. Aber auch in diesem Alter können Sie Ihr Kind schon an feste Zeiten bei den Tagesschläfchen und beim Zubettgehen gewöhnen.

Frage: *Meine Tochter ist drei Monate alt und schläft immer nur an der Brust ein. Wenn ich sie wach in ihr Bettchen lege, fängt sie jedesmal sofort an zu weinen. Wie soll ich ihr beibringen, allein einzuschlafen? Für den Behandlungsplan ist sie doch noch zu klein!*

Antwort: Sie haben recht: Ganz streng nach Plan sollten Sie bei einem so kleinen Baby nicht vorgehen. Ab und zu wird sie sicherlich noch beim Stillen einschlafen. Aber Sie können allmählich ganz behutsam eingreifen. Legen Sie Ihre Tochter nach und nach immer öfter wach in ihr Bettchen, auch wenn sie zunächst protestiert. Nach kurzer Zeit gehen Sie zu ihr und trösten sie. Reicht Ihre Anwesenheit nicht aus, können Sie Ihre Tochter auch kurz auf den Arm nehmen und sie dort beruhigen. Aber bedenken Sie: Rechtzeitig vor dem Einschlafen sollten Sie Ihre Tochter wieder ins Bettchen legen. Einschlafen sollte sie möglichst oft dort – allein und ohne Ihre Hilfe.

Nach Krankheit von vorn anfangen?

Frage: *Wir sind mit unserem 18 Monate alten Sohn genau nach Ihrem Behandlungsplan vorgegeangen. Obwohl er bis dahin jede Nacht mehrere Fläschchen getrunken hatte, klappte es innerhalb weniger Tage. Er schlief 2 Monate lang wunderbar durch. Leider war er jetzt sehr krank. Seitdem bekommt er wieder zwei Fläschchen pro Nacht. Sollen wir nun wieder von vorn anfangen?*

Antwort: Bei jedem Kind kann es durch Krankheit, aber auch durch eine Urlaubsreise zu einem Rückfall kommen. Eine einzige Nacht reicht manchmal aus, und das Kind will die Ausnahme am liebsten sofort zur Gewohnheit machen. Diese Gewohnheit möchte es natürlich beibehalten, auch wenn es wieder gesund ist, oder wenn der Urlaub längst vorbei ist. In so einem Fall können Sie durchaus ein zweites Mal nach dem Behandlungsplan vorgehen. Meist klappt es schneller als beim ersten Mal. Wahrscheinlich hat das Kind Ihre Konsequenz noch nicht vergessen. Krankheiten und Ausnahmesituationen können immer wieder vorkommen. Deshalb ist es durchaus denkbar, daß Sie noch einige Male auf den Behandlungsplan zurückgreifen werden.

Mein Kind läßt sich nicht beruhigen!

Frage: *Mein Sohn ist 9 Monate alt und schläft immer nur auf dem Arm ein. Wie ich ihn kenne, läßt er sich keinesfalls beruhigen, wenn ich immer wieder zu ihm gehe. Er wird jedesmal noch wütender schreien, wenn er mich sieht und ich ihn dann nicht auf den Arm nehme. Ist es nicht besser, gar nicht zu ihm zu gehen und ihn stattdessen durchschreien zu lassen?*

Antwort: Es kann sein, daß Sie mit der Methode „Durchschreien lassen" Erfolg hätten. Wahrscheinlich würde Ihr Sohn tatsächlich nach einigen Tagen das Schreien ganz einstellen, weil es sich für ihn nicht auszahlt. Uns geht es aber nicht nur um den Erfolg, sondern gleichzeitig immer auch um das Wohl des Kindes. Es kann vielleicht Angst bekommen, wenn man es stundenlang allein weinen läßt: Angst, verlassen zu werden oder nicht mehr geliebt zu werden. Das können Sie ausschließen, wenn Sie in kurzen Abständen immer wieder zu ihm gehen und ihm zeigen: „Ich bin da. Es ist alles in Ordnung." Zwar kann Ihre Anwesenheit bei Ihrem Sohn recht kurz ausfallen, wenn er mit noch lauterem Schreien reagiert. Lassen Sie sich aber nicht davon abbringen, ihm immer wieder Trost und Zuwendung anzubieten.

Nächtliche Mahlzeiten für „schlechte Esser?"

Frage: *Mein Sohn ist fast 2 Jahre alt und wiegt erst 13 kg. Er ist ein ausgesprochen „schlechter Esser". Deshalb sind wir froh, daß er wenigstens nachts 2 Flaschen Milch trinkt. Leider wird er deshalb auch ziemlich oft wach. Können wir ihm denn wirklich guten Gewissens die nächtlichen Mahlzeiten abgewöhnen? Dann nimmt er doch noch weniger zu sich!*

Antwort: Es kann niemals der richtige Weg sein, einem „schlechten Esser" nachts im Halbschlaf die Nahrung einzuflößen, die er tagsüber anscheinend verweigert. Solange Ihr Sohn nachts fast einen halben Liter Milch trinkt, hat er keinen Grund, tagsüber mehr zu sich zu nehmen. Er hat sich den nächtlichen Hunger angewöhnt. Sie müssen den ersten Schritt tun und ihm Essen und Trinken zu regelmäßigen, festen Zeiten tagsüber anbieten. Fällt die nächtliche Mahlzeit weg, können Sie sicher sein: Ihr Sohn holt sich innerhalb weniger Tage tagsüber das, was er braucht.

Kind kommt unbemerkt ins Elternbett

Frage: *Unsere 4jährige Tochter kommt fast jede Nacht zu uns ins Bett. Eigentlich möchten wir das nicht, aber oft merken wir es gar nicht. Was können wir tun?*

Antwort: Wenn Sie es nur „eigentlich" nicht möchten, lassen Sie es lieber, wie es ist. Wenn Sie Ihre Tochter daran gewöhnen wollen, nachts in ihrem eigenen Bett zu bleiben, brauchen Sie Ihre gesamte Entschlußkraft und auch einen gewissen Leidensdruck, sonst halten Sie es nicht durch. Wenn Sie es meist gar nicht merken, haben Sie auch keine Chance, konsequent jedesmal auf das Ins-Bett-Kommen Ihrer Tochter zu reagieren. Und nur dann könnten Sie Erfolg haben.

Nach 14 Tagen noch kein Erfolg

Frage: *Mein Sohn ist 25 Monate alt. Meiner Meinung nach braucht er noch einen Mittagsschlaf. Seit 2 Wochen lege ich ihn konsequent jeden Mittag für eine Stunde in sein Bett. Zwar weint er in der Zeit nicht mehr, aber er schläft auch nicht. Hat es Sinn, es noch länger zu versuchen?*

Antwort: Wenn Sie nach 14 Tagen wirklich konsequentem Vorgehen bei Ihrem Sohn noch keine Veränderung bemerken, können Sie sicher sein: Ihr Sohn braucht tatsächlich keinen Mittagsschlaf mehr. Es hat keinen Sinn, länger darauf zu bestehen.

Einige Eltern berichten aber über ihre guten Erfahrungen mit einer mittäglichen „Ruhepause". Das Kind wird daran gewöhnt, sich mittags bis zu einer Stunde in seinem Bett oder seinem Zimmer allein zu beschäftigen. Vielleicht kommt diese Möglichkeit auch für Ihren Sohn in Frage.

Abends klappt es – nachts nicht

Frage: *Unsere Tochter (13 Monate alt) kann seit 3 Wochen abends wunderbar allein einschlafen. Aber nachts wird sie immer noch mehrmals wach und will trinken. Nach 2 Uhr müssen wir sie zu uns ins Bett holen. Warum schläft sie immer noch nicht durch?*

Antwort: Ihre Tochter hat akzeptiert, daß sie abends kein Fläschchen bekommt und nicht ins große Bett geholt wird. Allein im eigenen Bett einschlafen – das findet sie nun normal. Leider findet sie es aber nachts nach dem Aufwachen immer noch normal, zu trinken und ins Elternbett zu kommen. Sie hat den Unterschied zwischen abends und nachts begriffen. Nachts kann sie ohne Ihre Hilfe noch nicht einschlafen. Das kann sie aber mit Ihrer Unterstützung lernen. Sie können auch nachts genau nach dem Behandlungsplan vorgehen.

Voraussetzungen für den Behandlungsplan

Frage: *Ist Ihr Behandlungsplan uneingeschränkt für jedes Kind sinnvoll?*

Antwort: Nein! Es gibt einige Voraussetzungen. Zunächst einmal muß das Kind mindestens sechs Monate alt und gesund sein. Die Eltern müssen einen gewissen Leidensdruck haben und fest entschlossen sein, an der Situation etwas zu ändern. Besonders wichtig ist: Die Beziehung zwischen Eltern und Kind muß intakt sein. Manchmal sind Eltern einfach überfordert. Sie schaffen es nicht, ihr Kind anzunehmen. Babys reagieren sehr sensibel auf Ablehnung und Zurückweisung. Es kann sein, daß ein Kind in so einem Fall nachts schreit, um sich Zuwendung und Aufmerksamkeit der Eltern zu erkämpfen. Unseren Behandlungsplan könnten wir dann nicht ohne weiteres empfehlen. Wichtiger wäre, zunächst einmal den Eltern Hilfe anzubieten, damit sie liebevoller auf ihr Kind eingehen können. Manchmal gibt es Eheprobleme oder psychische Schwierigkeiten bei Vater oder Mutter. Einige Eltern haben in ihrer eigenen

Kindheit Schlimmes durchgemacht und leiden noch immer an den Folgen. Manche Mütter haben die Geburt für sich und ihr Baby als besonders schwierig und traumatisch erlebt. Solchen Eltern kann die innere Sicherheit fehlen, den Plan umzusezten – und prompt geht alles schief. Auch in solchen Fällen brauchen die Eltern zusätzlich fachliche Hilfe.

Angst vor psychischer Belastung

Frage: *Mein Baby ist 10 Monate alt. Bisher habe ich es jedesmal sofort getröstet, wenn es geweint hat. Allerdings bin ich jetzt so erschöpft, daß unsere Nächte unbedingt besser werden müssen. Kann ich meinem Kind wirklich keinen psychischen Schaden zufügen, wenn ich nach Ihrem Behandlungsplan vorgehe?*

Antwort: Zunächst einmal: Ihre Erschöpfung durch die ständigen nächtlichen Störungen belastet Sie von Tag zu Tag mehr. Dieser Streß wird sich über kurz oder lang auch auf Ihr Kind übertragen.

Fast alle Eltern, die wir beraten haben, hatten eine enge, vertrauensvolle Beziehung zu ihrem Kind. Fühlt auch Ihr Kind sich bei Ihnen geborgen? Kann es sich Ihrer Liebe und Zuwendung sicher sein? Eine enge, vertrauensvolle Beziehung zwischen Eltern und Kind ist die Voraussetzung. Ist sie vorhanden, können Sie sich und Ihrem Kind für eine kurze Zeit ein gewisses Maß an Streß zumuten. Das Erlernen neuer Gewohnheiten ist für Ihr Kind sicherlich zunächst nicht angenehm. Eine stabile Beziehung kann dadurch aber nicht gefährdet werden. Ihr Kind bekommt ja auch während der Umgewöhungszeit regelmäßig von Ihnen Zuwendung. So können Sie sicher sein, daß es keine Angst bekommt, von Ihnen verlassen zu werden. Und vor allem: Sobald Ihr Kind die neuen Schlafgewohnheiten gelernt hat, geht es Ihnen **und** Ihrem Kind besser.

Schlußwort

„Leonie hatte seit 12 Monaten Schlafprobleme. Sie wurde alle 2-3 Stunden wach und wollte trinken. Es ist kaum zu glauben, daß sie jetzt von 19.30 bis 6 Uhr durchschläft!“

„Wir wollen Ihnen ganz herzlich für die erholsamen Nächte danken, die wir erstmals seit 14 Monaten in vollen Zügen genießen – und das schon seit zweieinhalb Wochen.“

Viele solcher Reaktionen auf unsere Vorträge oder Einzelberatungen könnten wir noch zitieren.

Für die Autoren selbst war der außergewöhnliche Erfolg der Schlafberatungen überraschend. Dr. Morgenroth, der Kinderarzt, mußte sich wundern, daß ihm, dem Spezialisten für Infektionskrankheiten, ausgerechnet auf diesem völlig anderen Gebiet ein solcher Erfolg beschert war.

Auch für die Psychologin, Frau Kast-Zahn, war es eine neue Erfahrung, daß ein einziges Gespräch fast immer für einen vollständigen Therapieerfolg ausreichte.

Allerdings – es waren jedesmal die Eltern selbst, die unser Behandlungskonzept in die Tat umgesetzt haben. Wir konnten ihnen nur die Anregungen geben.

Auch in diesem Buch konnten wir nur Anregungen geben. Es liegt an Ihnen, liebe Leserinnen und Leser, sie in die Tat umzusetzen.

Dafür wünschen wir Ihnen durchschla(f)genden Erfolg!

8

Mein Schlafprotokoll

Auf den folgenden beiden Seiten finden Sie 2 Schlafprotokolle, auf denen Sie die Schlafgewohnheiten Ihres Kindes festhalten können

- Im ersten Protokoll tragen Sie ein, welche Schlaf- und Trinkgewohnheiten Ihr Kind zur Zeit hat. So stellen Sie fest, wie die Schlafprobleme Ihres Kindes genau aussehen
- Dann beginnen Sie mit Ihrem persönlichen Behandlungsplan (Anleitung ab S. 80) und tragen im 2. Schlafprotokoll ein, wie sich die Schlafgewohnheiten Ihres Kindes verändern – bis es durchschläft.

Anmerkung:

Sie können auch sofort mit dem Behandlungsplan beginnen. In diesem Fall benötigen Sie nur das zweite Schlafprotokoll.

Mein Schlafprotokoll vor der Behandlung

24-Stunden-Protokoll Name: Geburtsdatum: Alter:

Datum	Uhrzeit 6.00	7.00	8.00	9.00	10.00	11.00	12.00	13.00	14.00	15.00	16.00	17.00	18.00	19.00	20.00	21.00	22.00	23.00	24.00	1.00	2.00	3.00	4.00	5.00

Schlafphasen —— Wachphasen freilassen Schreien ////// Mahlzeiten ●

Mein Schlafprotokoll während der Behandlung

24-Stunden-Protokoll Name: Geburtsdatum: Alter:

Datum / Uhrzeit	6.00	7.00	8.00	9.00	10.00	11.00	12.00	13.00	14.00	15.00	16.00	17.00	18.00	19.00	20.00	21.00	22.00	23.00	24.00	1.00	2.00	3.00	4.00	5.00

Schlafphasen —— Wachphasen freilassen Schreien ////// Mahlzeiten ●

Literaturverzeichnis

1) Ferber, R. (1985): Solve your child's sleep problems. New York: Simon & Schuster (Deutsche Fassung: Schlaf, Kindlein, schlaf.)
2) Kast-Zahn, A. und Morgenroth, H. (1995): Erfahrungen und praktische Hinweise für den Umgang mit Schlafproblemen im Säuglings- und Kindesalter. „der kinderarzt" 26, Nr. 1, 46-52 und Nr. 2, 204-212
3) Wolke, D. et al. (1994): „Häufigkeit und Persistenz von Ein- und Durchschlafproblemen im Vorschulalter: Ergebnisse einer prospektiven Untersuchung an einer repräsentativen Stichprobe in Bayern" In: Prax. Kinderpsychol. Kinderpsychat. 43, 339-344
4) Aserinsky, E. & Kleitman, N. (1953): „Regularly occuring periods of eye motility and concomitant phenomena during sleep" In: Science 118, 273-274
5) Roffwarg, H.P. et al. (1966): Ontogenetic development of the human sleep-dream cycle. In: Science, 152, 273-274
6) Kast-Zahn, A. (1995): Wie wird mein Baby ein guter Schläfer? Hipp-Penaten: Baby-Club, Club-Magazin 1, S. 18-19
7) Cuthbertson, J. & Schevill, S. (1985): Helping your child sleep through the night. New York: Doubleday
8) Wolke, D. (1994): „Die Entwicklung und Behandlung von Schlafproblemen und exzessivem Schreien im Vorschulalter", S. 154-208. In: Petermann (Hrsg.): Verhaltenstherapie mit Kindern. München: Gerhard-Röttger-Verlag
9) Friedrich, S. & Friebel, V. (1993): „Einschlafen, Durchschlafen, Ausschlafen". Hamburg: rororo
10) Klackenberg, G. (1987): „Incidence of parasomnias in children in a general population", 99-113. In: Guilleminault, Ch. (Hrsg.): Sleep and its disorders in children. New York: Raven Press
11) Lozoff, B. et al. (1984): Cosleeping in urban families with young children in the United States. Pediatrics 74, 171-182
12) Kast-Zahn, A. (1997): Jedes Kind kann Regeln lernen. Ratingen: O&P-Verlag
13) Glaeske, G. (1994): Arzneimittel. Aus dem Jahrbuch Sucht '94, S. 160-175, Neuland Verlagsgesellschaft
14) Meiner, E. et al (1989): Verschreibung von Psychopharmaka im Kindesalter. Dt. Ärzteblatt, 86 (28/29), B-1469 - B-1471
15) Richman, N. (1985): A double-blind drug trial of treatment in young children with waking problems. J. Child Psychol. Psychiat. 26, 591-598

Abbildungsverzeichnis **Seite**